マイナンバー制度の
設計にたずさわった
コンサルタントが書いた

知っておくと

絶対損しない！
マイナンバー

野村総合研究所・制度戦略研究室長
梅屋真一郎

ダイヤモンド社

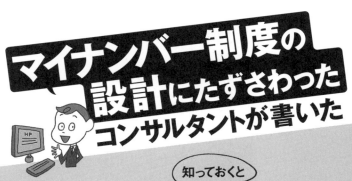

はじめに

マイナンバー制度が始まりました。

ところで、マイナンバーってそもそも私たちにとってオトクな仕組みなのでしょうか。それとも厄介な仕組みになるのでしょうか。よくわからないですよね。

書店に行くとマイナンバーに関する本がいろいろ並んでいます（実は私も何冊か書いています）。ほとんどの本はマイナンバーそのものの説明で、どうオトクか、どう厄介かといった事はあまり書かれていないようです。

マイナンバーのお話をすると色々な質問を頂きます。実は頂く質問の大半はマイナンバーのそのものではなく、こういった「オトク・厄介」にかかわる質問なのです。例えば、「副業が会社にバレませんか」「ヘソクリ口座が家族に知られてしまうのでは」…などです。

そうです、皆さん自分の暮らし、特にお金にまつわる事にどんな影響があるのか、心配で仕方がないのです。「税金を多めにとられるのか」「隠していた財産を知られるのでは」本当はそんな事を知りたいのではないでしょうか。

この本では、そんな「疑問や不安に思うけどなかなか聞けないお金の悩み」をQ&A方式でまとめています。最初から順に読み進めて頂いても構いませんし、「あっ、これは私に関係あるな！」そう感じた質問のコーナーを中心に読んで頂いても構いません。どこから読んでも、必要な質問だけ必要な時に読み返して理解できるように書きました。ですから、一部で重要なことなど繰り返し解説している内容もあります。

ところで、この本を読むにあたってあらかじめご注意頂きたい事があります。「マイナンバーの仕組みをくぐり抜ける抜け穴をこっそり教えてもらえる」と、思われる方もいるでしょうが、この本はその様な抜け穴を指南する本ではありません。マイナンバーは、今まであった様々な抜け穴や曖昧だったルールをはっきりさせる事を目的としています。そのため、これからはそういった事が次第にできなくなってくると思って下さい。

そうではなく、これからどういった事ができなくなるのか、いつまでに何を準備しておかなければならないのか、何に注意しなければならないか――そのためのアドバイスと思って頂ければ幸いです。

マイナンバーは、あくまでも今までの仕組み、例えば税金や社会保険の仕組みを大きく変えるものではありません。マイナンバーがあるからといって税金が高くなったり、社会保険料が値上がりしたりするわけではありません。

その代わり、隠していたり、ごまかしていたりしたものは簡単に見つかる、その様な世の中に変えていく、そのための仕組みがマイナンバーなのです。

「普通に暮らしている方ならゆくゆくはオトクに、隠し事がある方には厄介な仕組み」それがマイナンバーと言えるでしょう。

なお、本書は２０１６年７月現在で確定または判明している制度や事実を基に書かれています。

目次

第3章

職場の大混乱を収める！困った勤務先とワケあり従業員の妥協点は？

第4章

コンプライアンスを見直せ！

取扱いミスで会社が存続の危機に？

第5章

現場の妥協点はここにある！ 従業員はここまでOK、会社はどこからNG？

第1章

適正管理が財産を守る！

国はアナタの資産を奪いに来た？

質問 01

資産は丸裸に？

銀行口座や不動産など資産は全て中身が筒抜けになるの？

株式等の有価証券はマイナンバーでヒモづけられます。国が資産把握を今まで以上に行いやすくなります。制度開始時点では預貯金や不動産は対象外です。

「マイナンバーで預貯金をヒモづけて新たな税金を徴税されると聞いたのだが……」
「実は亡くなった親の不動産や預貯金などの資産を相続手続きしていないのだが、マイナンバーで見つかってしまうのでは……」
皆さんこんな心配をお持ちではないでしょうか。

まず、知ってほしいことですが、マイナンバーで新しい税金ができて預貯金から税金を取られたり、預貯金を没収されたりする事はありません。ただし、今まで以上に資産の把握を国が行いやすくなりますので、不正等は今までよりも把握されやすくなります。

そもそも、マイナンバーは、「所得の透明性」「税徴収の適正化・効率化」を目的の一つとしています。そのため、マイナンバーにより「税務に必要な情報」の収集が行われます。

金融資産に関しても、税の手続きの対象になる金融資産はマイナンバーでの管理の対象となります。マイナンバーでの管理の対象となる資産かどうかによって、従来の税務手続きや状況把握の仕方との違いが出てくるのです。

金融商品に関してはシビアになる可能性が高い！

例えば、有価証券やＦＸなども口座にマイナンバーをヒモづけられます。「保険金」も支払われた場合には、税務署にマイナンバーの届け出が必要になります。金融商品に関しては正確な申告手続きを行わないと、従来以上に厳しく指摘を受ける可能性があるのです。

その一方で、現段階では、個人の預貯金や不動産などの固定資産に関して、マイナンバーはヒモづきません。

預貯金や不動産は当面マイナンバーヒモづけの対象外

このため、預貯金や不動産は、マイナンバーを使用して資産把握を行う事等はありません。つまり、これらの資産に関する税務面での変化は何もありません。税務署や自治体等がマイナンバーを使って個人の預貯金状況や不動産保有状況を把握する事はないのです。

2018年からは任意で預貯金のある金融機関に提出

ただし、これらの資産に関しても今後はマイナンバーとヒモづく方向で検討が進んでいます。例えば、預貯金に関しては、既に法律改正が行われた事で、2018年から任意でマイナンバーと預貯金口座とのヒモづけが始まります。任意なので希望者は預貯金口座を保有する金融機関にマイナンバーを届けることになります。

将来は全ての資産がマイナンバーとヒモづくと考えるのがベター

また、その3年後をメドに預貯金口座とマイナンバーのヒモづけの義務化も検討されています。不動産等の固定資産に関しても将来的なマイナンバーとのヒモづけが検討されています。今後は、預貯金、固定資産等の情報も把握が簡単になると考えるべきでしょう。

つまり、現段階で対象となっていない資産を含めて、国は全ての資産とマイナンバーをヒモづけて把握するようになるのです。これにより、社会保障等の支援が、必要な方に確実かつ迅速に行われる様になります。

18年からは、任意ですが預貯金へのヒモづけが始まりますので、できれば17年までには正確な財産の整理を行い、正確な申告の準備をしたほうがいいでしょう。今後はより一層正確な申告を心掛けるようにすべきと考えられます。

なお、誤解されている人も多いのですが、預貯金に関していえば、マイナンバーがヒモづいていない現時点でも、既に税務署等は資産状況の調査ができますし、金融機関に特定の口座に関して問い合わせや調査を行う事は可能です。すなわち、マイナンバーがヒモづく前からでも、税務署はアナタの情報を得る事ができる点には注意してください。

まとめ

1　マイナンバーは株など有価証券等の金融商品にヒモづく。

2　マイナンバーがヒモづく金融商品は今まで以上に国が把握しやすくなる。

3　預貯金や不動産は、当面の間はマイナンバーのヒモづけの対象外。

質問 02 金融商品とクレジットカードは？

株、債券、投資信託、FX、クレジットカードの扱いは？

株式や債券、投資信託などの有価証券は金融機関へ、マイナンバーの届け出が必要です。クレジットカードについては不要です。

「マイナンバーで自分が何を買った筒抜けになるのでは……」「証券会社からマイナンバーを届け出る様に通知が来たけど、本当に出さないといけないのかな？」

こうした疑問をお持ちかもしれません。Q03以降でも個別に解説しますが、まずは今後の金融取引で、マイナンバーがどのようになるか左ページの表をご覧ください。

マイナンバーの届け出が必要なもの不要なもの

株式・債券・投資信託などの有価証券	マイナンバーの届け出が必要
預貯金	2018年以降任意でマイナンバーの届け出。将来は義務化の方向
FX取引	マイナンバーの届け出が必要
不動産	将来はマイナンバー届け出の可能性
金地金	200万円以上の譲渡・売却時にマイナンバー届け出が必要
海外送金	100万円以上の国外送金にはマイナンバーの届け出が必要
海外資産	5000万円以上の場合にはマイナンバーの届け出が必要
クレジットカード	マイナンバーの届け出は不要
住宅ローン等のローン	マイナンバーの届け出は不要

3年の猶予はあるが、既に口座がある場合にはマイナンバーの届け出が必要

特に身近な株、債券、投資信託等の「有価証券取引口座」の扱いは次のようになります。

①株式、債券、投信の口座がある銀行や証券会社には、２０１６年１月からはマイナンバーの届け出が必要となりました。ただし、既に口座がある場合には、届け出るまで３年間の猶予があります。

②ＦＸに関しても①と同様となります。２０１６年１月からＦＸの取引口座がある取扱業者にマイナンバーの届け出の必要が生じます。ただし、既に口座がある場合には３年間の猶予があります。

これらの取引には、「税金に係る報告」を税務署に届け出ている事から、マイナンバーの届け出の必要が生じるのです。新たな口座を開設する、既に口座を持っているにかかわらずマイナンバーの届け出を行うようにしましょう。

マイナンバーの届け出を金融機関に行う際に忘れてはいけない大事なことがあります。それは「本人確認手続きを必ず行う」事です。本人確認手続きでは、番号を届け出る際に、通知カード等で番号確認を行う事と免許証などの公的な身元確認書類で身元確認を行う事

の二つが必要です。これは、マイナンバーを利用する際に、他人によるなりすましを避けるためです。もちろん、アナタの財産を奪うような犯罪の防止にもなります。この本人確認を行わなければ、マイナンバーを届け出たと扱われません。

特別なことはしなくても、金融機関から窓口ないしは郵送などの手段での本人確認を行う様に依頼があると思いますので、きちんと行うようにしましょう。

クレジットカードはマイナンバーの手続きが不要

一方、「クレジットカード」はあくまでも物品の購入ないしはキャッシングなどの借り入れですので、クレジットカードの取引で税金が発生するわけではないのです。

ですから、マイナンバーの届け出は不要です。マイナンバーでクレジットカードの買い物履歴や借り入れ等を把握する様な事は決してないので安心してください。

まとめ

1　株式、債券、投資信託などの有価証券はマイナンバー届け出の対象。
2　有価証券の口座がある金融機関にマイナンバーを届ける。
3　クレジットカードはマイナンバーの届け出は不要。

質問 03

家族や他人の名義にしたら？

妻や子供の名義で
取引すれば大丈夫？

マイナンバーの届け出には
本人の申告と身元確認が必要です。
必ず、本人名義での手続きを！

「実は妻名義で株式の取引を行っているのですが……」「子供の名義にしてしまえば、税務署も把握できないのでは」――この様な事をお考えの方はいませんか。

要注意です。この様に家族の名義を使って取引等を行っている人は、従来以上に把握されやすくなる事に注意してください。

従来以上に家族名義での取引が判明しやすくなる

「妻や子供の名義の口座」で、マイナンバーにヒモづく対象商品（株や債券、ＦＸ等）の取引をする場合、「妻や子供のマイナンバー」を届け出る事になります。実際に取引しているのがアナタであっても、アナタのマイナンバーは必要ありません。

つまり、実際にはアナタの資金を家族名義で運用していても、口座を保有する家族のマイナンバーを届け出ればマイナンバーの届け出を行った事になります。

マイナンバーでは、「妻」や「子供」と「アナタ」の情報が直接ヒモづくわけではないので、家族分の取引を含めて、アナタのマイナンバーから直ちに税務署等が取引を監視したり把握したりする事はありません。

ただし、ここで注意しなければならない事があります。例えば、住民票などのデータから、同じ世帯等で夫婦や親子の関係にある人を税務署や役所が把握する事は可能だという点です。これにより、親子や夫婦のマイナンバーを実質的に把握する事は可能なのです。

つまり、「妻や子供の取引状況」と「所得情報」の両方をマイナンバーでヒモづけて調べる事は可能なのです。これにより、「妻や子供には所得がないのに取引額が大きい」といった状況の把握が、今まで以上に行いやすくなると考えられます。

もちろん、従来からこの様に取引状況と所得の両方を調べる事は可能でした。

しかしながら、確実に本人を特定できるマイナンバーを利用する事で、従来以上に効率的かつ正確に把握ができる様になるのです。

家族名義で取引した場合「贈与」と見なされる可能性も

例えば、奥様がご主人の給料を運用して、投資で稼ぐケースもあるでしょう。子供の名義で投資する方もいるかもしれません。親名義の口座を使う場合もあります。

しかし、年齢や収入などに対して、この取引を行えそうもない人物が行っている取引に対して、不審に思われる可能性が出てきます。

いずれ家族にあげる予定のお金だったとしても、運用資金に関してはしっかりと贈与の手続きを行う必要があります。怠っていた場合、従来以上に把握されやすくなります。

以上のことを考えると、他人名義で取引を行わないことが望ましくなります。家族の名義を使って節税などを考える方もいるでしょうが、他人名義取引はそもそもやるべきではないことです。税金や相続などのトラブルを避けるためにもやめておくべきでしょう。

「子供のため」と思うなら正しい贈与で対応を

まずは、資金の出し手と取引を行う名義人が一致するように心掛けてください。「子供の将来のために」と言うのであれば、なおさら贈与の手続きを正しく行いましょう（もらう人１人当たり年間１１０万円までの贈与なら贈与税は非課税。子や孫に対する最大１５００万円が非課税となる教育資金の贈与の特例制度、ほかにも子や孫の住宅購入資金を最大で３０００万円まで非課税で贈与できる特例などもありますので、詳しく知りたい方は専門家に相談してみてください）。

家族間の話し合いや金融機関の手続きなどで時間はかかるかもしれませんが、有価証券口座の猶予措置や預金の任意付番のタイミングを考えると、２０１８年くらいまでには贈与等の手続きを終えるようにしましょう。

まとめ

1　マイナンバーの届け出には、本人のマイナンバーの届け出が必要。
2　マイナンバー届け出の際には、本人確認を行う。
3　本人名義での取引を行うようにしよう。

質問04 相続手続きをしていない財産は？

死んだ夫名義の口座がそのままで、光熱費の引き落としも継続中です。

預貯金でも2018年からはヒモづけが開始。ヒモづけ時に判明する可能性があるので、遅くとも2021年までに変更手続きを。

「手続きが面倒」「へたに変更すると税金をとられるかも」といった理由で故人名義の口座を、相続手続きを行わずにそのまま使い続けているケースを耳にします。

正しい状態ではありませんが、従来はそれでも金融機関や税務署がその様な状態を認識しない（できない）ケースもあったようです。

当然だが、故人名義のマイナンバーは届けられない

しかし、これからは金融商品には順次マイナンバーの届け出が必要になります。

仮に、故人がマイナンバーのヒモづけ対象の口座を保有している場合には、相続手続きを行っていないままであれば、故人のマイナンバーの届け出が必要になります。

届け出に際しては、「本人名義の通知カード等」と「本人名義の身元確認書類（運転免許証等）」が必要ですが、既に本人が亡くなっているのですから、口座の持ち主が違うことが判明してしまいます。

「死んだ夫のものだ」といくら主張しても、相続手続きが正しく終了していない限り、金融機関は口座の中にある財産を引き継がせません。

以上を考えると相続が発生した際には、なるべく早めに正しい相続手続きを行うべきでしょう。

知られていない！　戸籍とマイナンバーがヒモづく可能性

また、あまり知られていない事ですが、実は現在、戸籍の情報にもマイナンバーがヒモ

づく事が検討されています。多くの解説本では戸籍に関しての説明はあまりない様です。これは、現時点の法律には戸籍が対象になるとされていないからです。

ところが、戸籍情報へのマイナンバーのヒモづけは優先度の高いテーマとして政府の「成長戦略」の中でも取り上げられており、着々と検討が進んでいます。戸籍にマイナンバーがヒモづいた際にどの様に利用されるかはまだはっきりしていませんが、恐らく相続手続き等でも利用される可能性があると考えられます。

亡くなった際に、戸籍情報にヒモづいているマイナンバーで金融商品の有無の調査や、親族のマイナンバーから相続対象者を把握するといった利用が考えられます。これらの利用が行われれば、より一層相続の実態の把握が進むでしょう。

将来は、銀行預金を含む全ての金融商品がマイナンバーとヒモづく方向

マイナンバーがヒモづく金融資産の現時点の対象は「株」、「債券」、「投信」などの「有価証券」や「FX」などです。

一方、個人の預貯金については、2018年以降はまずは「任意」として、その3年後をメドに「義務化」が行われる方向です。

できれば2018年、遅くても2021年までに手続きを

つまり、金融商品であれば何であってもマイナンバーの届け出が行われます。すなわち、故人名義の口座を利用していることが明らかになってしまうのです。これを考えると、なるべくできれば２０１８年までに、遅くともその３年後の２０２１年までにはしっかりとした相続手続きを行うことが望ましいでしょう。

相続は遺産の配分など家族間の話し合いに時間がかかることも多いし、配分が決まる前に誰かが相続財産を使っているとトラブルの元にもなりえるので、正しい相続手続きを早急に着手するべきしょう。

まとめ

1. 口座保有者が亡くなった場合には、相続手続きが必要。
2. 今後預貯金にマイナンバーがヒモづくと、把握が容易になる可能性がある。
3. しっかりと相続手続きを行うべき。

マイナンバーの届け出に必ず必要な本人確認手続き

マイナンバー制度における本人確認

番号確認	身元確認
提供されたマイナンバーが正しいことを確認	マイナンバーの提供者が本人であることを確認
個人番号カード(裏面) 通知カード　等	個人番号カード(表面) 運転免許証、パスポート　等

今後マイナンバーの利活用が予定されている5分野

戸籍事務	2019年以降マイナンバーとヒモづく事を検討中
旅券事務	
預貯金付番	2018年より任意での実施が法律に
医療・介護・健康情報の管理・連携	予防接種・健康診断等一部でマイナンバーとヒモづく
自動車登録事務	検討中

質問 05

ヘソクリの隠し方

家族に内緒の隠し口座があります。どのようにすればいい？

ヘソクリなら税務上の問題はないが、マイナンバーの届け出の問い合わせ等で家族に判明する可能性は高まります。

「家族に内緒の副収入があって……」「夫には内緒の独身時代に貯めたお金が……」「ヘソクリがマイナンバーでばれたりしませんか」。

そういった質問をこっそり聞きに来られる方も実はかなりいらっしゃいます。

幸か不幸かマイナンバーは何でもできるわけではありません。「ヘソクリを見つける」

というのは、マイナンバーの利用目的として法律には書いていませんので、心配無用です。

マイナンバーはあくまでも税や社会保険の手続きに使う

マイナンバー制度が始まるからといって、口座の有無まで家族に自動的に伝えられるわけではありません。あくまでもマイナンバーは税や社会保険の手続きで使われるだけです。

例えば、税務署にも所得をごまかしていて、そのために口座をお持ちであれば別ですが、きちんと税の手続きを行い、必要な税金を納めているのであれば、税務署等は何か特別な事を行いません。もちろん、税務署や役所がその様な隠し口座をわざわざ家族に伝えることもありえません。なので、マイナンバーがあるからといって家族が直接的にその様な隠し口座を見つける事は想定できません。

間接的には、家族に判明する可能性がある

しかしながら、間接的なら隠している口座がバレやすくなる可能性はあります。

家族に隠している口座が、マイナンバーのヒモづけ対象である金融商品（株、債券、投資信託などの有価証券等）の取引用の口座であれば、その口座を保有している「金融機関」

からマイナンバーの提供のお願いの連絡が来ます。

また、「預貯金」に関しても、ヒモづけ対象となる２０１８年以降には同様に、「マイナンバー提供のお願い」の連絡が来ると予想できます。

この様に、少なくとも金融機関に登録した住所宛てに、マイナンバー提供お願いの連絡が来るので、ハガキや封書を見た家族が、その存在に気づく可能性はあります。

また、「他人名義」の口座を保有していた場合、Ｑ03でも説明したように税務署などから、保有の理由やもともとの資金の出所等の問い合わせがある可能性も同時に生じます。

この場合はかなり面倒なこととなるので、マイナンバーのヒモづけが開始される前までに、正しい状態にしておくべきです。家族に隠した口座を所持している、もしくは他人名義の口座を所持していた経緯については、正直に家族へ説明を行ったほうがよさそうです。黙ったままでいて後々に見つかった場合よりも、もめごとは少なくなると思われます。

まとめ

1　家族に内緒だからといって、税務上の問題は一切ない。

2　「マイナンバー届け出のお願い」等が金融機関から送られて来る。

3　郵送物が届く事で家族に知られる可能性はある。

質問06 架空名義の預金

昔、本人確認がなかった時代に作った架空名義の口座があるのですが……

架空名義口座の把握が進みそうです。早目に本人への名義変更をお勧めします。

質問の方は預貯金口座をお持ちと考えられます。詳しくは後述しますが、株や債券などの有価証券口座では、既に架空名義の口座は持てなくなっています。一方、預貯金に関しては昔からある架空名義の口座が残っているといわれています。

日本は国民1人当たりの預貯金口座数が多い事で世界的に有名です。その数ですが、「普通・定期預金」合わせて約10億口座以上、１人当たり約10口座あるといわれています。

口座数が多いこと自体は直ちに問題になるわけではないのですが、「本人名義でない口座」の問題があるのです。特に本人確認制度が厳密ではなかった時代に開設した口座の中には「本人名義でない口座」がある程度残っているようです。

昔はペット名義の口座を開いた人もいた！

ご存じの通り最近では、口座開設時に免許証や保険証等でしっかり金融機関は本人確認を行っています。これは法律で義務づけられており、本人確認を経ないと口座開設ができません。このため最近では他人名義、架空名義の口座は作る事ができません。

ところが、昔は、本人以外の例えば家族や架空の名義の口座を作る事ができました。中にはペット名義で口座を作った話も聞かれます。理由は20年ほど前までは本人確認がそれほど厳しくなかったからです。そのため、他人の名義や架空名義の口座でもかなり容易に作る事ができたのです。質問者は、その様な口座をお持ちの方なのでしょう。

ところが、預貯金は２０１８年以降マイナンバーの届け出が必要になります。18年からは、「任意」での「マイナンバーと預貯金とのヒモづけ」が始まり、その３年後をメドに「義務化」も検討されています。これにより、将来は全ての預貯金口座でマイナンバーの届け出が必要になると思われます（Q03、Q04も参照）。

預貯金にマイナンバーがヒモづくと他人名義の口座はアウト

マイナンバーの届け出には本人確認が必ず必要ですが、架空名義の口座であれば本人確認を行う事ができません。本人確認に必要な「本人名義の通知カード等」と「本人名義の身元確認書類（運転免許証等）」を提示できないため、本人確認ができないのです。

つまり、マイナンバーの届け出を行う際の本人確認において、他人名義の口座を保有する事が判明するのです。

仮にマイナンバーの届け出を行わなかった場合にはどうなるでしょうか。マイナンバーの届け出を行わない以上、本人確認を行う必要はないので、架空名義である旨はその時点では判明しません。ところが、届け出が義務化されて以降は、本来全ての口座のマイナンバーの届け出が行われる事になりますので、仮に届け出を行っていない口座は何らかの理由で届け出を行っていない口座として、より注目される可能性が高いでしょう。それにより、詳細な調査等が行われる可能性があります。いずれにしろ、マイナンバー届け出の義務化以降は架空名義の口座を保有し続ける事は非常に難しくなるでしょう。

今後は、この様な架空・他人名義の口座は把握されてしまうので、できれば２０１７年までにまずは金融機関にその旨を話し、具体的にどの様に手続きをすべきかを相談した方が良いでしょう。また、そもそも使わない口座であれば、閉鎖等の手続きをすべきです。

株など有価証券は既に他人名義の口座が作れない

なお、株など有価証券取引に関しては、従来から口座開設時に本人確認が必要であると同時に既にある口座に関しても定期的な取引報告書の送付等で本人確認をしています。

そして、今回マイナンバーの届け出が義務づけられるとともに、その上で改めてマイナンバーに係る本人確認が行われますので、架空口座を保有し続ける事は現時点もできないと考えられます（他人の口座で株の取引している場合はQ03を参照）。

まとめ

1　今後、預貯金にマイナンバーがヒモづけば、口座名義人の本人確認が必要に。

2　これにより、本人名義以外の口座把握が進む可能性。

3　本人への名義変更を行う様にすべき。

質問 07

子供にこっそり贈与したい

自分の口座に長男のマイナンバーを通知したらこっそり贈与できる？

預貯金にヒモづける際には本人確認手続きを行うので他人のマイナンバーの届け出は不可能

「金融機関にマイナンバーを届け出る際に、自分のマイナンバーではなく、長男のマイナンバーで届け出てしまえば、金融機関も税務署も気づかないで贈与が行えるのでは？」

贈与や節税に関心がある人なら、こんな思いを抱く人もいるでしょう。しかし、そうは問屋がおろしません。それどころか、その様な事を行えば簡単にバレてしまいます。

マイナンバーの届け出には、本人のマイナンバーが必要

マイナンバーの届け出は本人名義でなければできません。長男のマイナンバーで届け出を行うのであれば、口座の名義が長男である必要があります。

２０１８年以降には、マイナンバーの「個人の預貯金口座」へのヒモづけが始まります。まずは任意という位置づけですが、その後に義務化されることが濃厚です。その際には、口座保有者が銀行にマイナンバーの届け出を行う必要があります。

これを子供名義のマイナンバーで行ってしまえば誰にも気づかれずに贈与できるのではないかとお考えの方もいるかもしれません。今後はマイナンバーで税金等の手続きを行うようになっていくといわれていますので、「口座に長男のマイナンバーを登録してしまえば、自分の口座ではなく長男の口座だった事になるだろう。それによって、贈与の手続きも行わずに贈与ができてしまう」と。

確かにこの様にすれば手品の様に手続きができてしまうのでは、と思うかもしれません。ただし、実際にはこの様な事はできません。

なぜなら、マイナンバーの届け出を行う際には本人確認として「口座保有者の通知カー

ド等」と「口座保有者の身元確認書類」の提示を行う必要があるからです。

本人確認もセットなので他人名義はすぐ発覚

例えば、「本人名義の口座」であれば、「本人の通知カード等」と「本人の身元確認書類(運転免許証等)」を提示する事が必要です。つまり、長男のマイナンバーで届け出を行おうとしても、そのマイナンバーは「本人の通知カード等」に記載されているマイナンバーと違いますので、本人ではない「長男のマイナンバー」で手続きを行うことはできません。

長男のマイナンバーで届け出るためには、長男名義の口座である必要があります。

もし、長男のマイナンバーで手続きを行いたいのであれば、まずは「口座の名義変更」が必要です。その上で、長男の「通知カード等」と「本人確認書類」で本人確認手続きを行いマイナンバーの届け出をすれば問題なく行えます。

ただし、そのためには既に述べた様に、自分の名義から長男の名義に名義変更が必要ですから、金融機関は名義が移ったことをその時点で把握できます。当然、その様な名義変更が行われたことを税務署等が問い合わせで把握する事ができるようになります。この様に、誰にも知られず実質的な名義変更を行う事はできないのです。

マイナンバーの仕組みは、この様なりすましや不正等を防ぐために様々な工夫がなされています。仮にその様な事を行うと簡単に把握され、場合によっては税金の追徴等のペナルティが発生する可能性がある事に注意しましょう。

名義の書き換え＝贈与ということも忘れずに

なお、名義の書き換えという事は贈与を行う事になります。当然それに伴う贈与税の手続きが発生する可能性がありますので、税務署等での手続きをきちんと行うようにしましょう。仮にその様な手続きを怠った場合には、指摘される可能性があります。

いずれにせよ、2018年以降はまずは任意で預金とマイナンバーのヒモづけが始まります。できれば2017年までに、遅くとも義務化が行われる3年後までには手続きを行うようにしましょう。

まとめ

1　2018年をメドに預貯金とマイナンバーのヒモづけが行われる。

2　ヒモづけの際は本人確認もセットなので、家族や他人のマイナンバーを届け出ることは不可能。

質問 08

不動産とマイナンバーの関係は？

不動産もマイナンバーで国や税務署に管理される？

不動産にマイナンバーはヒモづかない。ただし将来的には所有者のマイナンバーとヒモづく可能性も。

いわゆる「資産」としては、預貯金や株式などの「金融資産」以外に不動産などの「固定資産」があります。金融資産に関しては、マイナンバーでのヒモづけが進みますが、不動産はどうなのでしょうか。特に、不動産は相続の手続きや登記を必ずしも正しく行っていない例もあるといわれています。

一定額以上の取引以外は、現在はマイナンバーと関連なし

マイナンバーがスタートする事で不動産はどうなるのでしょうか。

結論から言うと、現段階では、「不動産」そのものには、マイナンバーはヒモづいていません。そう言うと多くの方は「金融資産はマイナンバーヒモづけの対象になるのになぜ不動産は対象外なの？」と驚かれるかもしれません。

例えば、個人が一定額以上で不動産を売却したり貸したりする場合には、マイナンバーの届け出を行う場合があります。しかしながら、現段階では例えば保有している不動産等にマイナンバーをヒモづける事は行っていませんので、上記の様な不動産取引を行わなければマイナンバーとの関連はありません。この様に不動産等の固定資産がマイナンバーのヒモづけの対象となっていない理由としては、日本の登記制度の複雑さが影響しているのでは、といわれています。

日本の個人資産の中での不動産の占める割合は高い事から見ても、不動産にマイナンバーをヒモづけないのは片手落ちではないか、との意見もあるようですが、実際に実現するのは、なかなか難しいと思われます。

将来的なヒモづけに関しては「検討」されている

それでも、将来的な不動産へのマイナンバーのヒモづけに関しては、政府の検討が進んでいます。そう言うとドキッとされる方もいるでしょう。

ひとまずご安心ください。あくまでも「将来の実現を目指す」という位置づけです。

でも、着々と検討は進んでいます。

例えば、政府税制調査会では、「マイナンバーを付番することにより、複数の自治体に分散する固定資産を所有者ごとに把握できるようにすべき」との意見が挙がっており、政府の発表した「骨太の方針2015」でも、マイナンバーを「キー」にして「金融及び固定資産情報（登記及び税情報を含む）」と「所得情報」を「マッチング」させることを目指すとされています。

つまり、政府の方針として将来は不動産もマインバーで管理することが「明記」されているのです。この事をあまりご存じでない人が多い様ですが、「明記」されているということは、やはり実現する可能性が高いと思っていいでしょう。

不動産の登記や固定資産税情報などにマイナンバーがヒモづけば、今まで以上に資産や相続等による資産移動も把握しやすくなる可能性があります。

資産家なのに手厚い支援を受けるような不公平がなくなる

もともと、マイナンバー制度の目的は公平公正な社会の実現です。社会保障の支援も、「資産の保有状況等も勘案すべき」といわれています。例えば、「引退して収入は少ないが、立派な豪邸に住んでおり多額の資産を保有している」場合、税金で支援する前に、まずは自助で対応してもらうべきでしょう。その点でも、個人資産の大きな部分を占める不動産に関してマイナンバーのヒモづけは、いずれ行われていくのではないでしょうか。

実現するまでには、まだ長い時間が必要かもしれません。しかし、不動産は数十年単位で付き合うものなので、今後は不動産にもマイナンバーがヒモづく可能性を考慮に入れておく必要があります。相続対策はあらかじめしっかりやっておくほうがいいでしょう。

まとめ

1 現段階では、マイナンバーと不動産がヒモづく事はない。
2 ただし、将来にはヒモづく可能性が高い。
3 相続の手続きや登記を正しく行っているか確認すべき。

質問 09

金融機関に提出を拒否したら？

金融機関にマイナンバーを提供したくありません。拒否したらどうなる？

マイナンバーの提供を拒んでも罰則はない。ただし、拒んだ相手の記録作成が推奨されており税務署などから注目されるかもしれません。

インターネットでは、「マイナンバーは届け出なくても罰則もないし大丈夫」とか、「マイナンバーを届けさえしなければ、税務署が把握できなくて、少々後ろめたいことをしていても問題ない」などといった主張を見かけます。

その様な事はお勧めできません。そもそもマイナンバーの届け出は法律で規定されている義務ですし、拒否する事で思わぬ悪影響を及ぼす可能性も否定できないからです。

そもそもマイナンバーの届け出は法律上の義務です

マイナンバーを金融機関に届け出る事で、税務署などは従来以上に皆さんの資産状況を把握しやすくなります。それでは、その様に把握されないためにマイナンバーの提供を拒否したらどうなるのでしょうか。

まず、マイナンバー届け出の対象となる「金融商品」を保有している場合には、金融機関への届け出は「法律上の義務」であり、届け出を行う必要が生じます。法律上の義務だから、口座を保有している金融機関からは、必ずマイナンバー提供の依頼が来るはずです。「義務だなんて知らなかった」とは、少なくとも金融機関からのお知らせが届いている限り言えない事になり、そのような言い訳は通用しません。

マイナンバーの提供を拒否しても罰則はない

では、この依頼を拒否した場合、ペナルティ等はあるのでしょうか。実は現段階の法律では提供は義務であるものの、提供を拒否した場合の罰則などはありません。口座が凍結されることもありません。強制的にマイナンバーを届け出させる事も、金融機関はできません。提供したくなければそのまま提供しないでいる事が可能なのです。

ただし、法律で定められている期間内（有価証券口座等には3年間の猶予等のルールがある）」に提出を求めても提供しなかった場合には、金融機関は「提供依頼を続けたのに、拒否されてマイナンバーを取得できなかった」旨の記録等を残します。そして、提出を拒否した人の税関係の書類は、マイナンバーを記載せずに税務署に提出されます。

「何だ、罰則もないし、口座を凍結されるわけでもないなら、特に問題ないじゃないか」と思われるかもしれません。いえいえ、そうではないのです。

マイナンバーの提供を拒んでいる人はすぐわかる

その場合、税務署は提出を拒んでいる対象者を簡単に把握できます。なぜならば、その対象者の書類に本来あるべきマイナンバーが空欄であり、その理由は金融機関が行う経緯の記録で把握しやすくなるからです。場合によっては、海外居住などの理由でマイナンバーをそもそも保有していない場合もありますので、その様な明らかな理由がない人だけを経緯の記録から把握ができるのです。

税務署が理由なく拒否している口座に対しては「何らかの明らかにしたくない理由があるのでは」と、「注目して重点的に」調査を行う可能性は十分にありえます。結果として、拒否している理由等を調査される可能性があるのです。

さらに言えば、法律上の義務を果たしていないということはやはり将来的に不利益が生じる可能性があると考えられます。例えば減税や税金の還付など税制面のメリットを受けようとしても、義務を果たしていない方は受けられないなどです。社会が納得しないので税務当局も何らかの措置を考える可能性があると見ています。

以上のことから、できる限り「拒否せずに提供する」が望ましいでしょう。制度開始から2～3年もすれば提供しない人へのチェックも厳しくなると思われますし、税制面のメリットの議論も始まるでしょう。「プライバシー管理が大丈夫か様子見したい」という方もいるでしょうが、預金とヒモづく２０１８年ごろまでには提供したほうがいいでしょう。

まとめ

1　マイナンバーの提供は義務だが拒否しても罰則はない。
2　金融機関は拒否者とその経緯を記録するので、その記録を見た税務署がその対象者に注目する可能性がある。

質問10 純金と現金とマイナンバーの関係

現金や純金にして保管すれば資産は隠し通せる？

現金にはマイナンバーがヒモづかない。純金は２００万円以上の売却時にマイナンバーの届け出が必要。

「マイナンバーがスタートするので、銀行預金をタンス預金に切り替えました」「金の延べ棒であればマイナンバーとは関係ないですよね？」

資産を捕捉されたくないために、資産をタンス預金や純金に換える人もいるでしょう。

そもそも税金の手続きをきちんと行っていれば、どの様な資産で保有していてもマイナンバーによる影響は特にありません。「マイナンバーで捕捉して国が預貯金を没収するぞ」などと不安を煽る方もいるようですが、そのような事を行えば経済全体が大混乱になりますので非現実的な話といえます。

マイナンバーがない時代から不正は発見されてきた

マイナンバーでヒモづくのは、あくまでも税や社会保険の手続きを通じてです。特に資産に関しては税の手続きの対象になっているかがカギです。いくらマイナンバーが優れた仕組みであっても、ヒモづいていない対象の状況を把握できるわけではないのです。

つまり、対象外のものであれば把握できない事になります。

だからといって、正しい税金の手続きを行わなくてもよいという事ではありません。また、預貯金と同様に、マイナンバーにヒモづきさえしなければ把握できないというものではありません。マイナンバーは今までの仕組みを効率化するだけで、マイナンバーがなくても不正を発見する事は可能な点には留意が必要です。その証拠に、今までマイナンバーがなくても、隠し資産が明らかになって追徴課税の対象になった例は多数あります。

現金や純金の保有ならばマイナンバーとヒモづかない

現金保有に関して、マイナンバーは、税の手続きが発生しない限りヒモづきません。また、純金の購入やその保有に関しても、マイナンバーはヒモづきません。これらは、マイナンバーをヒモづける事が実際に難しいからです。

要はタンス預金をしていた場合や金の延べ棒等を自宅の金庫等で保管している限り、マイナンバーとヒモづく事はありません。それを知ってなのか、実際に金庫を新たに購入してその様な対応を行っている方もいるようです。

純金の売却・譲渡はマイナンバーの届け出が必要

しかしながら、純金は、「売却・譲渡」を行った場合、次のような税の手続きが発生するのでマイナンバーにヒモづきます。

200万円以上の「金地金」を、「売却」または「交換した」場合、取引業者は「金地金等の譲渡の対価の支払調書」を税務署に提出する必要があり、その際には、「自分のマイナンバー」を、「取引業者」に届け出る必要がある。
「相続時」「贈与時」に、純金が資産としてカウントされるので、純金の譲渡について相続あるいは贈与に関わった当事者は税務署に届け出る必要がある。

現金であっても全てを秘密にできるわけではない

また、税務調査の対象になった場合には、例えば預金口座からの大量の資金の引き出し記録などもチェックされます。そのため、現金にしたからといって、全てを秘密にできるわけではないのです。

資産を現金や純金に換えるべきか否かは、このような実態と、現金や純金を自分で管理・保管することの防犯上のリスクも考慮の上、各自で判断するしかありません。

まとめ

1　マイナンバーはヒモづいた資産のみ把握可能。
2　現金はマイナンバーとヒモづかないので把握できない。
3　金地金は２００万円以上の売却時に届け出が必要。

質問11 海外口座の取扱いは？

海外に資産を移せば、隠し通せますか？

海外送金等での資産移転や、5000万円以上の国外財産を保有している場合は、マイナンバーの届け出が必要。海外に移しても資産は把握される。

「海外に資産を移せばマイナンバーの届け出が不要になるだろう」とか、「お金持ちは海外に資産を隠して簡単に脱税できるのでは？」とお思いの方もいると思います。

確かに海外ではマイナンバーの提供を求める事はありません。しかしながら、海外に資産を移したからといって、必ずしも資産把握が不可能なわけではありません。

国外送金や有価証券の海外への移管にはマイナンバーの届け出が必要

現在、海外送金に関しては、「１００万円超」の送金に関しては、その報告書に相当する「国外送金等に係る調書」を金融機関が税務署に提出する必要があります。この「国外送金等に係る調書」にはマイナンバーの記載が必要です。そのため、この様な国外送金の際には、マイナンバーの届け出が必要となります。

マイナンバーの届け出には、「本人確認（身元確認書類による身元確認通知カード等による番号確認）」が必要になります。このため、金額が大きい送金を行った場合には、その事実が税務署に報告されるのです。

お金だけではありません。「国内証券口座」から「国外証券口座」に有価証券（株や債券など）を移管する場合にも「国外証券移管等調書」が提出されます。この調書にも同様に「マイナンバーの届け出」が必要になります。

５０００万円を超える国外財産を保有している場合にもマイナンバーの届け出が必要

既に海外に資産を移している場合も要注意です。日本の居住者が、５０００万円を超える「国外財産」を保有している場合には、「国外財産調書」を税務署へ提出する必要が生じます。こちらもマイナンバーの届け出が必要です。

要するに、海外に資産を移したとしても、その過程でその動きを税務署が把握できるのです。その上で、その資金の出所などをチェックされる可能性があるのです。この様に、海外であってもマイナンバーでの把握が容易にできるような仕組みになっています。

2018年以降は外国と情報交換も

さらに、日本や米国などの含むOECD加盟国やシンガポール・香港などは2018年をメドに外国の居住者に係る金融口座情報の自動的交換を行う「共通報告基準（CRS）」の導入を行う予定です。これは、各国の金融当局がそれぞれに把握している外国人の金融口座の情報をお互いに交換する仕組みです。

例えば、日本人がシンガポールに預金口座を保有した場合、その情報をシンガポール政府から日本政府に自動的に送られるようになります。

これにより、例えば日本の税務署が海外にある金融資産の情報を、本人が日本で申告している以外でも把握できるようになるのです。これらの国々では口座開設の際に身元確認

海外資産の扱い

海外送金	100万円以上の国外送金にはマイナンバーの届け出が必要
海外への有価証券の移管	マイナンバーの届け出が必要
海外資産	5000万円以上の場合にはマイナンバーの届け出が必要

を行っていますので、口座保有者が簡単に把握できるのです。

最近では、各国の政治家や資産家がタックスヘイブンに資産を移していたことが明らかになり、国際的な大問題となっています。この様な規制は強化されこそすれ決して緩められることはないと見ておくべきでしょう。

まとめ

1　海外に送金等で資産を移した場合にはマイナンバーの届け出が必要。

2　５０００万円以上の国外資産を保有している場合にも同様。

3　今後、国際的な情報交換が進むので資産隠しは難しくなる。

質問 12

相続への影響は軽視できない

相続対策でできることは？
こっそり贈与もできなくなる？

マイナンバーを活用する事で相続でも多くの情報を国が把握しやすくなる。正しい申告を前提に、事前の準備をするべき。

自分が築いた資産は子や孫に——。その様な願いは誰にでもあるでしょう。
最近相続税が大幅に増税され、それまで相続税が無縁だった方も課税されるケースが出てきたので、相続対策が必要となった家庭が増加しています。
そんな相続対策にマイナンバーはどう影響するのでしょうか。

節税はOKだけど脱税はNG

「相続財産の評価額を低くして、相続税の負担を減らせないか」「子供に生前に贈与しておいて、相続財産を減らせないか」といった悩みを抱えている方が増えているようです。いわゆる相続対策には様々な手段があります。皆さんも本や専門家のアドバイスを参考に検討されているのではないでしょうか。そうしたニーズを反映して、「賃貸アパート経営で節税対策」「相続でもめないための心得」といった本も多く出ています。

その様な本で披露される対策は、きちんとした手続きを行った上で有効活用できる対策、いわゆる「節税」のアイデアです。これらは、有効活用する事で子や孫の税負担を減らすことが可能です。ルールの範囲内で対策している限りはまったく問題がありません。

ところが、中には「うちは大資産家ではないから、こっそり税務署に気づかれずに相続や贈与ができるのでは……」とお思いの方もいるようです。資産を子や孫にあげたり、逆に親から資産を引き継いだりしたので、本当は相続税や贈与税の手続きを行う必要があるのに、報告しないでいる人々です。

当然ですが、こういった事が判明した場合には追徴（税金の罰金のようなもの）などの厳しいペナルティが待っています。結局は損することになるのです。

戸籍もマイナンバーにヒモづき、相続はより透明に

この様な隠し事は、今までもたびたび見つかってペナルティを課せられた方がいますが、マイナンバーが利用される今後は、いっそう難しくなります。

もともと、マイナンバー制度は、「所得の透明性」や「税徴収の適正化・効率化」が目的の一つです。マイナンバーは、税務に必要な情報を「収集」することに使われます。

各種の所得にはマイナンバーのヒモづけが必要ですから、全体でどの様な所得があるかが把握しやすくなります。有価証券などの金融商品にはマイナンバーがヒモづけられ、保険も保険金の支払いの際にマイナンバーがヒモづきます。

２０１８年以降は、預貯金もマイナンバーのヒモづけの対象になり、不動産などの固定資産も今後対象となる可能性があります（Q08参照）。同様に、日本居住者の海外資産や国外送金などにもヒモづけが進んでいく様子です（Q11参照）。つまり、将来的にはほとんどの資産がマイナンバーにヒモづいてくるのです。

あまり知られていませんが、将来的には戸籍へのマイナンバーのヒモづけも検討されて

います。実現すれば、さらに相続の内容が国に把握されやすくなります（Ｑ04参照）。

隠す目的でマイナンバーを提供しなければ逆効果も

誤解してはいけないのは、マイナンバーでできる事は従来から税務署が行ってきた事と何ら変わりはないことです。新たに税金が上乗せされたりもしていません。ただ、マイナンバーを活用する事で情報収集の効率性や正確性は飛躍的に上昇するのです。

仮に本来届けるべきマイナンバーを届けなかった場合は、逆に「隠し事があるのでは」と注目される可能性もあります（Ｑ09参照）。

今後は、資産等の状況に関して、基本的に隠し通す事はできなくなると考えましょう。相続対策をするなら、非課税枠の範囲内で毎年贈与するなど、数多くある合法的な節税手段の中から選びましょう。

まとめ！

1. 今後、マイナンバーを活用して国による資産の把握が進む。
2. 戸籍とマイナンバーがヒモづくと相続情報もより把握されやすくなる。
3. 隠すと逆に注目されやすくなる。

質問 13

老親の代わりにできることは？

認知症気味の親や入院中の親の手続きは子供が代理でできますか？

成年後見を行っている場合や長期入院などで本人がマイナンバーの届け出を行えない場合は、法定代理人または任意代理人が手続きを代行できる。

「親が認知症でマイナンバーの手続きなどできそうにありません。私が扶養しているし、実の子だから、代わりに手続きして大丈夫ですよね」「長期入院して動けない親がいます。役所の手続きをどうすればいいのでしょうか？」

マイナンバーの説明会を行うと必ず出る質問です。マイナンバーを社会保障の手続きに使うという事は高齢者にとってマイナンバーがとても身近なものになるという事です。

ところが、本人が動けない、または手続きできない場合はどうしたら良いのでしょうか。

誰であっても今後は社会保障や税金の手続きで必要

マイナンバーは全ての住民に付番され、税や社会保障の分野で使います。

例えば介護保険や国民健康保険など高齢者にとって身近な手続きでもマイナンバーを届け出る事が必要です。その際には、手続きの対象者となる本人のマイナンバーが必要です。

仮に認知症の方であっても、マイナンバーを届け出る事が求められている手続きでは本人のマイナンバーの届け出が必要です。

また、マイナンバーは２０１８年以降、預貯金にもヒモづけられます。当初は任意ですが、将来的には義務化が検討されています。仮に親が預金口座をお持ちの場合、マイナンバーの届け出には口座を保有する親のマイナンバーの届け出と「本人確認手続き（身元確認書類による身元確認と通知カード等による番号確認）」が必要になります。

当然ですが、親の預金口座には、親のマイナンバーの届け出を行う事が必要なのです。

いくら親を扶養しているからといっても、あるいは親が寝たきりや認知症だからといっても、子供のマイナンバーを届け出ることはできません。

本人が手続きできない場合には代理人でもOK

「果たして認知症の親がその様な事をできるだろうか。間違えたり、詐欺の被害に遭ったりするのでは……」と心配の方もいるでしょう。大丈夫です。その様な場合、本人以外が代理人として手続きを行う事ができるようになっています。具体的には、マイナンバーは、法定代理人または任意代理人が手続きを行えます。これにより、間違えたり見知らぬ他人が悪用したりできないようになっているのです。

まず、親が認知症などの理由で、「成年後見人制度」の仕組みを利用して「成年後見人」となっている場合です。こういった場合、「成年後見人」は法定代理人として親になり代ってマイナンバーの届け出を行う事が可能です。

わざわざ成年後見人にならなくても大丈夫!

とはいえ、成年後見人制度は制度的にも心理的にもハードルが高いのも事実です。でも安心してください。成年後見人制度を利用していない場合でも大丈夫なのです。「本人の委任状」があれば「任意代理人」として、親になり代っての届け出が可能なのです。

次に、例えば親が長期の入院中で自分で手続きができない場合です。そのような場合は、親に委任状を書いてもらう事で子が任意代理人として手続きを行う事が可能なのです。

子や兄弟などが手続きを行う際には、所定の書類が必要

委任状を作る際には、次の点に注意してください。
■届け出の際には、「代理権確認」のために、次の書類の提示が必要です。
①法定代理人　資格を証明する書類（成年後見人としての登記事項証明書等）
②任意代理人　親が作成した委任状
■合わせて、親のマイナンバー確認ができる書類（通知カード等）と自分の身元確認ができる身元確認書類も提示してください。

まとめ

1　成年後見人制度を使わず子が親の代理になることもできる。
2　法定代理人または任意代理人がマイナンバーの手続きが可能。
3　代理人が行う場合は、代理人であることを証明する書類が必要。

質問14 親の死後に見つかった隠し預金

親の死後数年経ってから発見した財産が、マイナンバーとヒモづけしていなかったら?

発見したら早く手続きを。今後は把握されやすくなり、わざと隠していた場合は追徴の可能性も。

「実家の片づけをしていたら、2年前に亡くなった父親名義の500万円の預金通帳が出てきた」といったような場合、どうしたらいいでしょうか?

「今さら手続きできるのか……?」「マイナンバーでヒモづけていないので黙っていればバレないのだろうか……?」――。今後はこのような葛藤が全国で起こりそうです。

基本は預貯金が中心の問題

一昔前であれば、「タンスの奥から株券が」といった話はよくありましたが、最近の株式は電子化が進み、上場株式であれば紙の株券で保有している事はレアケースです。

やはり、この様な問題は預貯金が中心ではないかと思います。家族の知らない通帳が隠してあった場合、マイナンバーとどう関わりがあるのでしょうか。

現段階ではマイナンバーと預貯金はヒモづかない

現時点ではマイナンバーと預貯金はヒモづけられていません。このため、マイナンバーを使って、隠していた預貯金を発見する事は家族にも税務署にもできません。

つまり、今のところは預金通帳が家族に隠されていた場合、マイナンバーが手掛かりとなって発見されることはないのです。

将来的には口座の保有者や相続も把握される可能性

ところが、２０１８年から預貯金とマイナンバーのヒモづけが始まります（Q01、Q02

も参照)。まずは任意でのヒモづけですが、将来は義務化も検討されています。そうすると、その際には、仮に亡くなった親の口座であっても、マイナンバーの届け出が必要になる可能性があります。

マイナンバーの届け出には口座保有者の「マイナンバーの届け出」と「本人確認(「本人の通知カード等」による番号確認と「本人名義の身元確認書類」による身元確認)」が必要となります。この場合、既に親(口座の名義人)は他界していますので、口座保有者の「マイナンバーの届け出」と「本人確認」が不可能です。届け出を行わないまま放置した場合、「届け出ができていない口座」として税務署が注目し、重点的にチェックする可能性があり、それにより故人の口座を隠している事が従来以上に把握しやすくなります。

相続での影響を軽視しないほうがいい

また、あまり知られていませんが2019年ごろをメドに「戸籍」へのマイナンバーのヒモづけを行うことが検討されています。実現後は、相続や贈与でのチェック目的の利用も進むと考えられます。これにより、親子間で財産の移転があったかもしれないことを、税務署が把握しやすくなります(Q04、Q12参照)。

マイナンバーの解説本は多く出ていますが、この様な相続での影響をあまり取り上げてきませんでした。なぜなら、この様な影響はまだ検討中のものであり、具体化まで至っていないからです。

しかしながら、これらの内容は既に政府の方針として「明記」されているものがほとんどであり、早晩実現する可能性が高いといえるでしょう。

隠されていた親の財産を発見した段階で、見つけた旨を正直に届け出たほうがいいでしょう。そのまま隠し続けていた場合には、税務署などにその事実を追及され、その内容によっては「追徴課税」等を課せられる可能性が生じます。

マイナンバーだからといって新たな加算税や没収があるわけではなく、従来のルール通りにペナルティが科せられるのです。ただ、マイナンバーを活用して発見される可能性が高まると考えましょう。

まとめ

1　マイナンバーとヒモづけがなされてなくても没収されることはない。

2　発見した時点で届け出て正しい手続きをすればＯＫ。

3　隠し続けると現在と同じルールで追徴などの罰則も。

質問 15

ローンや借金の情報はどうなる？

住宅ローンなど、借金もマイナンバーで管理されますか？

借金はマイナンバーとヒモづかない。借金やローンの情報を把握される事はありません。

「消費者ローンを借りているのですが、マイナンバーで会社に知られる事はありませんか？」「マイナンバーでクレジットカードの購入情報が国に筒抜けだと聞いたのですが」時々この様な質問をされる方がいますが、誤解です。この様な事は決してありません。もし仮にその様な事を金融機関や国や自治体が行っていれば法律違反です。

マイナンバーは税金や社会保険や災害対策だけで使用

マイナンバーは「税・社会保障・災害対策」の分野で利用されます。これ以外の分野でマイナンバーを使う事は民間でも国や自治体でも「法律違反」になるのです。

住宅ローンやカードローン等の借金は、税金や社会保障の手続きと関係がありません。これらの手続きの対象ではない事から、マイナンバーとヒモづく事はありません。

もちろん、住宅ローンやカードローンなどを利用したからといってマイナンバーの届け出を行う必要もありません。つまり、マイナンバーと借金の情報は無関係なのです。

勝手に借金の管理にマイナンバーを使うと法律違反に

でも銀行やローン会社がマイナンバーの提出を要求したらどうなるのでしょうか？

金融機関や融資を行うローン会社などがマイナンバーで借入額等の把握や管理等を行ったりする事は、目的外の利用となり法律で禁じられています。マイナンバーが管理に便利だからといって、借金の管理に使う事は法律で禁じられているのです。ですから、その様な事を勝手に金融機関やローン会社などが行う事を心配する必要はありません。仮に、こっそりその様な事を行っていれば大変厳しい罰則の対象になります。

クレジットカードもマイナンバーとヒモづかない

同様に、クレジットカードもマイナンバーとヒモづきません。クレジットカードはあくまでも購入とその支払いで、税金や社会保障の手続きには関係ないからです。

そのため、ある人の購入履歴とマイナンバーをヒモづけるようなことは、そもそもやってはいけない事なのです（80ページのコラムも参照）。

マイナンバーに反対する方の中には「マイナンバーを使う事で個人が何を買ったかまで国が管理する」などと恐れる方もいます。しかし、そういった事はあらかじめ法律で禁じられているので、心配をする必要はありません。

もしかしたら住宅ローン控除だけは将来対象になる可能性も

ただし、住宅ローンに関してだけは将来的にマイナンバーとヒモづく可能性があります。

ご存知の様に、住宅ローンを借り入れている場合には、一定の条件を満たせば「住宅ローン控除」を受ける事ができます（税金が返ってくる）。控除を受ける際には、「借入金年末残高証明書」を提出する事が必要です。たとえインターネットを利用した電子申請で確定申告を行っても、借入金年末残高証明書は書面での提出が必要です。

今後、確定申告手続きの「電子化」が今まで以上に進む事が予想されており、その場合は現在書面での提出や送付などが必要な借入金年末残高証明書も電子化が進む可能性があります。つまり、わざわざ書面を送付する必要がなく、その代りに電子的なデータとして送付するのです。その際に、将来的には住宅ローンにマイナンバーをヒモづけて、電子的に送付できるようにする可能性はあるのではないでしょうか。

なお、繰り返しますが、現在の借入金年末残高証明書にはマイナンバーの記載はなく、あくまでも将来的な可能性の話です。仮にヒモづくこととなっても、住宅ローン控除以外の手続きで使われる事はないと考えられます。「借金の情報を流用されるのでは」と言った事は心配しないでも大丈夫でしょう。

まとめ

1　マイナンバーと借金はヒモづかない。

2　マイナンバーで借金の情報把握を行う事はできない。

3　仮に借金の管理で使うと法律違反になる。

マイナンバー都市伝説の検証1

マイナンバーカードを盗まれたり、
番号を他人に知られたりすると、
自分の口座内容が漏えいする！
お金も盗まれる！

マイナンバーに関しては、まことしやかな「噂」がネットなどで流れているようです。

例えば、「マイナンバーで政府が国民一人一人の全ての買い物の履歴を把握する」「政府が預金を没収する」と言った「噂」です。

これらの「噂」は大抵「誤解」（ものによってはむしろ曲解しているものもあるようですが）です。ある意味「都市伝説の様なもの」ですね。

その様な「都市伝説」のなかには、「マイナンバーカードを盗まれたり、番号を他人に知られたりすると自分の預金口座の内容が漏えいする！」「お金も盗まれる！」といったものがあります。

まず、現在は預貯金とマイナンバーはヒモづきませんので、例えば口座保有者のマイナンバーを言われても金融機関は果たしてどの口座の事かそもそもわかりません。

それこそ、口座に登録されている名前のほうがどの口座かわかりやすいのです。「名前を他人に知られたから預金口座の内容が漏えいする！お金も盗まれる！」とは誰も騒ぎませんよね。

２０１８年からは、まずは任意でマイナンバーと預金口座がヒモづきますが、税務署が行う税務調査でしか使えませんので、マイナンバーが知られてしまったからといって犯罪者が口座の情報を盗んだり、お金を取ったりはできませんのでご心配なく。

ただし、将来的にはマイナンバーカードにキャッシュカードの機能を組み込めるようにすることが検討されています。

その場合は盗難や紛失が心配になりますね。でも、それは現在のキャッシュカードでも同じように注意すべきことです。

第2章

収入のある人、会計担当に衝撃！

隠せる収入、ガラス張りの収入は？

質問16 ネット副業の収入

アフィリエイトやＹｏｕＴｕｂｅなどの収入はどうすればいい？

支払調書を作成していないサイトではマイナンバーを届け出る必要はないが、支払履歴を添付して自分で確定申告を行う事が必要です。

かつての副業のイメージとは違う、ブログでアフィリエイト収入がある人や、ＹｏｕＴｕｂｅでたくさんの人に自作の動画を見てもらっている方の中には、驚くほどの収入を得ている人もいるようです。そういった副業の税金の手続きはどうしたらいいでしょうか。

そしてマイナンバーの手続きはどうなるのでしょうか。

アフィリエイト等の報酬で支払調書が出る場合はマイナンバーの届け出も必要

「給与所得」以外でマイナンバーの届け出が必要な「収入」としては、いわゆる「支払調書」が作成される収入が中心です。アフィリエイトなどの報酬もサイト（支払ってくれる運営者）によっては「報酬、料金、契約金及び賞金の支払調書」を作成しています。（なお、必ずしも全てのサイトが支払調書を作成するわけではありません）

仮にサイトが支払調書を作成して税務署に報告する場合は、支払調書にはマイナンバーの記載欄が追加されましたので、そのサイト運営者へマイナンバーの届け出が必要になります。

多くのサイトは支払調書を作成していない

なお、既に述べた様にアフィリエイトの収入は、一定額以上の報酬の場合、「報酬、料金、契約金及び賞金の支払調書」が作成される可能性がありますが、実際には多くのサイトは支払調書を作成せず、「確定申告の際には報酬の支払履歴等を印刷・添付するよう」にとだけ、支払者に告げる場合が多い様です。これは、一部のサイトを除き、報酬を支払調書の提出義務がない「広告料」などとしているためです。

この場合、サイトから、直接税務署に支払情報を渡す事はなく、自分が確定申告する以外には、税務署はそのままでは支払情報を把握できません。

自分で報酬額等を確定申告時に申告し、その記録として支払履歴等を添付する形になります。そのため、この様に支払調書を作成しないサイトに対してはマイナンバーを届け出る必要もありません。

あくまでも、支払調書作成を行っているサイトのみにマイナンバーを届け出る形になります。

マイナンバーの届け出が不要でも一定額以上の収入なら確定申告は忘れずに

ただし、アフィリエイト収入に関して自主的に確定申告を行わなかった場合にも、例えば税務署が当該サイトへの調査をかけて、「支払い対象者」の収入を確認する可能性があります。

その場合は、確定申告を行っていなくても後日その旨を税務署から問い合わせされる可能性があります。その点を考えると、しっかりと確定申告をする事が望ましいでしょう。

この様な調査はマイナンバーの有無にかかわらず従来からも可能性が指摘されています。

サラリーマンの場合、アフィリエイト等の収入が20万円以上であれば確定申告を行う必要があります。

また、実際にサイトが支払調書を作成するかどうか、またマイナンバーの届け出が必要かどうか、まめに各サイトの「規約」を必ず確認しましょう。「規約改訂」を頻繁に更新している場合もあるからです。

まとめ

1 アフィリエイトサイトの多くは支払調書を作成しない。
2 その場合、マイナンバーのサイトへの届け出は不要。自分で確定申告する。
3 支払調書を作成するサイトにはマイナンバーの届け出が必要。

質問17

競馬などギャンブルの儲け

競馬で大穴を当てて１００万円儲けましたが……

公営ギャンブルの払戻金にはマイナンバーの届け出が不要です。ただし、確定申告手続きを行う事が必要です。

競馬やボートレースなど公営ギャンブルでは、たまに１００万円以上の高額の払い戻しを得る勝負師もいるようです。ところで、当たり馬券は税金の対象なのでしょうか？

実は競馬の払戻金は「一時所得」として所得税・住民税の課税対象です。払戻金の収入が１年間で50万円以上あった場合、確定申告を行う必要が生じます（宝くじ、サッカーくじなどのスポーツ振興くじの当選金は全額が非課税なので申告は一切不要)。

ただし、競馬などの公営ギャンブルの払い戻しは確定申告を行う必要があります。また、ＪＲＡは「高額な払い戻し」に関して、税務署への報告をしておりません。

しかしながら、税務署がＪＲＡに対して税務調査を行い「高額な払い戻し情報」を入手する可能性はあります。その場合、仮に確定申告を行っていなかったとすると、後から「追徴課税」等の可能性があることを念頭においてください。また、電話投票やインターネット投票で馬券を購入する場合、銀行口座経由で払い戻しを行うので、口座への高額な入金から判明する可能性もあります。

実際に競馬で累計で数億円の高額払い戻しを得たのに確定申告を行わなかった人が摘発されたことがニュースになっております。その点を考えると、しっかりと確定申告を行う事が望ましいでしょう。

まとめ

1　競馬の払戻金にマイナンバーの届け出は不要。

2　ただし、払戻金は「一時所得」として、1年間50万円以上の利益があった場合、確定申告を行う必要がある。

質問18 副業としての不動産収入

不動産収入は副業になりますか？賃貸収入などのマイナンバーの扱いは？

サラリーマンが一定額以上の不動産所得があると確定申告を行う必要がある。その場合、住民税の決定額から会社に副収入を知られる可能性も。

アパート投資など不動産経営の本が多数出ていますね。皆さんの中にも実際にワンルームマンション経営に乗り出している方もいるでしょう。相続で始めた人もいるでしょう。

「最近、親から賃貸アパートを相続した。会社には黙っているけど何か言われたりするかなあ……」——そんな心配をお持ちではありませんか？

一定額以上の不動産収入を得ている場合には、確定申告が必要

企業にお勤めの方が一定額以上の不動産収入を得ている場合には、その収入は給与所得と別に税の手続きを行う事が必要となります。その点で、いわゆる「副業」と見なす事ができます。会社によっては副業に関する規定がありますので注意が必要です。

給与所得について年末調整を受けている方は、不動産所得と給与・退職所得以外の所得の合計額が20万円を超える場合には確定申告を行う事が必要です。

企業に貸している場合などには、マイナンバーの届け出が必要

また、不動産を例えば企業に貸している場合、年間の支払合計が15万円を超えたならば「不動産の使用料等の支払調書」をその企業が税務署に提出する必要があります。

この支払調書には貸主のマイナンバーの記載欄がありますので、貸主である方はその企業へのマイナンバーの届け出が必要となります。これに該当する例としては、駐車場を企業に貸していたり、社宅として企業に貸していたりするなどがあります。これらのケースでは、企業からマイナンバーの提供依頼が来ます。

この様に、不動産収入がある場合には、マイナンバーの提供や確定申告等の手続きが必要になる場合がありますので、注意しましょう。

勤務先に給与以外の収入があることを知られる場合も

「うちの会社は副業禁止なんだけど、賃貸経営ならバレないよね？」

実は、その様な収入があることを勤務先に黙っていても、勤務先がそういった給与以外の収入があることを知ってしまう場合があるのです。

確定申告をする事で、不動産収入等に伴う所得税の申告をして所得税を納税します。実は、所得税に合わせて住民税の納税義務も生じます。ただし、住民税に関しては給与所得やその他の所得を合計して計算し、5月に住民税額が決定されます。その際に、サラリーマンの場合、特別徴収として毎月の給与額からの天引き額を勤務先に通知されます。

この天引き額は特に何も手続きを行わなければ全ての所得の合計から計算しますので、本来給与から想定される住民税額よりも多くなる可能性があるのです。

ですから、後述するような対策をしないと、給与から想定される額よりも、住民税の実際の天引き額がはるかに大きい場合、「もしかして給与以外の収入があるのでは」と企業の担当者が気づく可能性があるのです。ある民間の調査会社が企業の人事担当者に行ったアンケートの中で、その様にして従業員の副業がバレてしまった例も報告されています。

もし、これらの不動産収入の有無を勤務先に知られたくない場合には、確定申告に際して住民税の普通徴収を選択する（副業分に関しては自分で納税する事になり勤務先には副業分の住民税額や所得額は通知されない）といいでしょう。

マイナンバー導入と関係なく注意すべき

なお、こういった不動産に関する税の関する取扱いは従来からあり、決してマイナンバー制度が始まったから新たに取扱いが変更になるわけではありません。

ただ、マイナンバーの導入により、従来以上にこの様な所得の把握・捕捉が行いやすくなると思われますので、しっかりと決められた手続きを行うようにしましょう。

まとめ

サラリーマンでも一定額以上の不動産所得があれば確定申告が必要。その際に、住民税の普通徴収を選択しないと会社は副収入がある事を把握できる。確定申告時に普通徴収を選択するか、会社に不動産収入がある旨申し出てはどうか。

質問 19

小遣い程度の副収入

空き駐車場を隣家に貸している程度の収入なら副業にならない？

駐車場収入が一定額以上の場合は確定申告が必要。その様な給与以外の収入があることを会社が知る可能性がある事に注意しましょう。

「お隣に頼まれて駐車場を貸しているのだが」「知り合いの会社に頼まれて空き地を資材置き場や看板設置用地として貸しているけど、勤務先に黙っていても問題ないよね？」

いわゆる不動産賃貸経営でなくても、例えば隣家に駐車場を貸している場合など、ちょっとした副収入はどうなるのでしょうか。

駐車場を隣家に貸している場合でも一定額以上の所得であれば確定申告が必要

前の質問（Q18）で説明したように、「不動産を賃貸している」場合には、不動産所得やその他の給与所得や退職所得以外の所得の合計が20万円を超えた場合には、確定申告を行う義務があります。駐車場を貸している場合も、その「賃貸料収入」は「不動産所得」に該当します。そのため、一定額を超える場合には確定申告を行う必要が生じます。

なお、不動産所得は不動産収入と必要経費の差額から計算します。

つまり、駐車場を隣家に貸している程度でも、一定金額以上の所得となるのであれば「確定申告を行う」ことを考慮してください。

貸し手が法人の場合には、マイナンバーの届け出が必要な場合も

では、マイナンバーはどうなるのでしょうか。貸している相手が法人等の場合には、年間支払合計が15万円を超える場合には、支払調書の作成が必要ですので、マイナンバーをその法人に届け出る必要があります。

駐車場といえども大都市や複数台であれば、年間支払額が15万円を超える場合は多いと

不動産収入がある個人がマイナンバーの届け出が必要なケース

借主が法人又は不動産業者である個人かつ
不動産等の使用料が年間15万円以上
（賃料、権利金、礼金など）

↓

借主は「不動産の使用料等の支払調書」の
提出義務がある

↓

貸主は借主にマイナンバーの届け出が必要

思います。その場合にはマイナンバーの届け出が必ず必要なのです。

なお、法人ではなく「不動産業を営んでいない個人」（単なる隣家など）に貸し出している場合は、相手先にマイナンバーの届け出は不要です。この場合は、収入や必要経費等を自分で取りまとめて確定申告を行う事になります。

勤務先に給与以外の収入があることを知られる場合も

住民税は5月に住民税額の決定通知が行われます。その際、サラリーマンの場合、特別徴収として毎月の給与額からの天引き額を勤務先に通知されます。この天引き額は特に何も手続きを行わなければば全ての所得の合計から計算しますので、本来給与から想定される住民税額よりも多くなる可能性があるのです。

会社の給与から想定される額よりも、あまりにも住民税の実際の天引き額が大きい場合、勤務先にその様な収入があることが知られる可能性があります。

仮に、これらの不動産収入の有無を勤務先に知られたくない場合には、確定申告に際して住民税の普通徴収を選択する、またはその様な収入がある旨あらかじめ会社に相談する等の対応を行う事が望ましいでしょう（Ｑ18参照）。

まとめ

1　駐車場代でも不動産収入となり、所得が一定額以上の場合には確定申告が必要。
2　場合によっては、勤務先にその様な収入がある事を知られる可能性がある。
3　確定申告時に普通徴収を選択するか、会社に正直に申し出てはどうか。

質問20

株やFXの儲け

株やFXで毎年のように儲けているけど、何をすればいいのですか？

金融機関へのマイナンバーの届け出が必要。一定の利益が出たら従来通り確定申告を。特定口座の源泉徴収ありなら申告は不要です。

既に取引のある金融機関からマイナンバーの届け出の依頼があって届け出をした人もいるかもしれませんが、株式や債券の「有価証券口座」や外国為替取引の「FX口座」には、マイナンバーの届け出が必要になりました。

株式、投資信託、FXなどの取引を行っている場合には、必ずマイナンバーを口座がある金融機関や取扱業者に届け出るようにしましょう。

なお、既に開いているこれらの口座に関しては制度開始から3年の経過措置があります。

金融機関から届け出の依頼がある

金融機関へ自ら連絡したりする必要はなく、何もしなくても、口座を保有している金融機関や取扱業者からマイナンバーを届け出るように依頼があるはずです。

その際にはマイナンバーの届け出を行うとともに、本人確認の手続き（「通知カード等による番号確認」と「身元確認書類による身元確認」）が必要です。

初めてのことで抵抗感がある人もいるでしょうが、これらの手続きは法律上の義務ですので、決められた手順に従い、手続きを行うようにしましょう。

金融商品によって申告の行い方が異なる

なお、ＦＸの所得は「雑所得」として「申告分離課税」の対象です。

もし一定以上の利益が出ていれば（会社員であれば給与所得や退職所得以外の所得が20万円以上の場合）、確定申告を行う必要が生じますので気をつけてください。

金融商品の申告手続き

FX取引		申告分離課税
有価証券 （株式、債券、投資信託等）	「特定口座」で「源泉徴収あり」を選択	源泉分離課税
	「特定口座でない」場合や損失が出て繰越控除を行う場合	申告分離課税
預貯金		源泉分離課税

「FX所得」の税率は、いくら儲けたかに関係なく20・315％です。

有価証券の売買に関しては、次を通りです（表も参考にしてください）。

①「特定口座」で「源泉徴収あり」を選択した場合。

↓利益に対して20・315％が源泉徴収されるので、確定申告の必要はありません。

②「①以外の場合（「特定口座」で「源泉徴収なし」）や一般口座を選択した場合。その年の取引で損失が出て、「繰越控除」を受けたい場合。

↓確定申告を行う必要があります。

最近では、多くの方が源泉徴収ありの

特定口座をお持ちですので、その場合はマイナンバーの届け出を金融機関に行うだけです。損失の繰越をしないのであれば、確定申告は不要です（金融機関がアナタに代わって納税してくれます）。

まとめ

1　株式や投信取引、ＦＸ取引はマイナンバーのヒモづけの対象。
2　金融機関からマイナンバーの届け出依頼がある。
3　ただし、既に口座がある場合は３年間の猶予がある。

質問 21

名義貸し、無報酬の役員の場合は？

父親が経営する零細企業の取締役として無報酬ですが名前だけ載せています。

報酬がなければ税の手続きがありません。そのため、マイナンバーの会社への届け出は不要です。

家族が会社を経営している場合で、名義だけではあるものの会社の役員となっている方もよくいらっしゃいます。

マイナンバーは、社会保険や税金の手続きで利用します。企業がマイナンバーの対応が必要になるのは、この様な手続きが実際に必要な報酬等の支払いがあった場合だけです。

ですから、質問の様に報酬がない名義だけの役員の場合には、税や社会保険の手続きはそもそも行いませんので、手続きでマイナンバーを利用することはないのです。

結論ですが、「給与所得」や「報酬」等の収入がない場合には、マイナンバーの会社への届け出は不要です。

逆に、仮に会議に出るだけの会社役員であっても、給与などの形で会社から報酬を得ている場合には、会社がその報酬に係る税金や社会保険等の手続きを行う必要があります。この場合には、マイナンバーの届け出が必要となります。

「社長なのにマイナンバーを届け出る必要があるのか？」と思われるかもしれませんが、あくまでもルールとしてきちんとマイナンバーを会社に届け出る必要があります。

「自分が作った会社なのに身元確認をするなんて！」と驚かれるかもしれませんが、これもしっかりと定められたルールです。経営者は率先して行いましょう。

まとめ

1 マイナンバーは役員でも社長でも、報酬があり税や社会保障の手続きを行う必要がある場合に届け出が必要。

2 無報酬であれば、マイナンバーの届け出は不要。

質問22 NPOやボランティアの交通費は?

NPO法人にボランティアとして参加し、食事代と交通費だけもらっています。

交通費などの支払いも報酬に当たりますので、税の手続きが必要になります。一定額以上の場合は、NPO法人にマイナンバーの届け出が必要です。

被災地支援や老人ホームへの慰問など、NPO法人主催のボランティアに参加した際にもらう交通費は賃金じゃないからマイナンバーなんて無関係では――と思う人は多いかもしれません。

そもそもマイナンバーは社会保険や税金の手続きで必要になるものです。仮に税金などの手続きが発生するようであれば、マイナンバーの届け出が必要です。これは、法人が一般の事業会社であってもNPO法人の様な非営利法人であっても同じです。

つまり、法人税を納める場合には、法人税に係る手続きで法人番号（企業版マイナンバー）が必要になり、給与や報酬等を支払っている場合には所得税や社会保険等の手続きでマイナンバーが必要になります。

NPO法人が払う交通費なども税に係る手続きの対象に

NPO法人であっても交通費などの支払いも原則「報酬」に当たるので、「源泉徴収」の対象になり、税に係る手続きが発生します。NPO法人だから、非営利組織だから、という特別扱いは報酬に係る税手続きの分野ではないのです。「NPOでボランティアをやっているだけなのに」と驚かれるかもしれませんが、それが税のルールなのです。

年間5万円以上の報酬があればマイナンバーの届け出も必要

もし仮に交通費等の報酬に関して年間5万円以上の支払いがあればそのNPO法人は「報酬、料金、契約金及び賞金の支払調書」を作成し税務署への提出を行う事が必要となります。

ＮＰＯ法人が遠隔地にある場合や、頻繁にボランティアで移動するようであれば、年間で5万円という金額はあっという間に超えてしまうでしょう。その場合はしっかりと税の手続きを行う必要があるのです。

この支払調書には支払先のマイナンバーが必要ですので、ＮＰＯ法人に対してマイナンバーの届け出が必要となります。相手がＮＰＯ法人であっても、目的がボランティアであっても、勤務先に届け出る様にマイナンバーの届け出が必要になるのです。

宿やバスを用意されていた場合は届け出不要

ただし、この「報酬・料金」等の費用をホテルやバス会社、（手配した）旅行会社等にＮＰＯ法人が直接支払った場合は、「報酬・料金」等に含む必要はありません。こうした場合は、マイナンバーの届け出は不要です。

つまり、一旦アナタ（ボランティア）が立て替え、後にＮＰＯ法人が精算している場合は報酬の税対応が必要ですが、直接ＮＰＯ法人が支払っている場合（現物での支給）であれば不要なのです。

NPO法人であってもしっかりとした安全管理対策が必要

なお、NPO法人であってもマイナンバーの届け出を受け付ける際には、マイナンバーを含む特定個人情報を取り扱う事になります。この場合、NPO法人には各種の安全管理措置を行う等の業務整備及び体制整備が必要となります。

仮に準備が不十分で情報漏洩などが起きた場合には、NPO法人が罰則の対象になりますので、あらかじめ対策・準備等をしっかりと行う事が必要です。

まとめ

交通費などの支払いも年間5万円以上ある場合には、マイナンバーのNPO法人への届け出が必要。NPO法人は届け出られたマイナンバーを厳重に管理する責任がある。

質問23 マンションの積立金などの口座

マンションの管理組合の修繕積立金や駐車場収入の口座はどうなるの？

駐車場をマンション住人以外に貸し出しているなど、税の手続きが必要ならマイナンバーの対応がありますが、修繕積立金では不要です。

「修繕積立金で数千万円の残高がありますがマイナンバーの対応は必要でしょうか……？」

「マンションの駐車場に空きがあるので、近所の人や会社に一部貸し出している」

マンション管理組合の理事になった方から、時々この様な質問をもらいます。

私もマンションの管理組合の役員になった事がありますが、大規模修繕の様な大がかりな事から、共用ロビーの電球が切れたことまで色々決めて対応する事が求められます。

「その上、マイナンバー対応も必要になるのですか……？」――こういった悲鳴にも聞こえる疑問は、当事者ならお持ちでしょう。

外部への駐車場の貸し出しなどは税の手続きが必要な場合も

管理組合はマイナンバー制度と関係がないと思われるかもしれません。確かに大抵の場合には管理組合がマイナンバーへの対応を行う必要はありません。少なくないお金を扱っているにせよ、管理組合の主な役目はマンションの維持管理です。何も普通の会社の様に事業を行い、利益を上げているわけではないのですから。

ところが、場合によってはマイナンバーに係る手続き等が発生する可能性があります。

例えば、この質問にある様に何らかの形で管理組合としての収入がある場合にはやはり手続きが発生する可能性があるのです。

よくあるのが駐車場のケースです。通常、マンションの駐車場は住民のための駐車場で、駐車場代等もあくまでも修繕や維持のための費用です。

ところがこの質問の様に管理組合に駐車場収入がある場合、原則「法人税法上の収益事業」に当たる可能性があります。その場合には課税対象に該当する事になります。

収益事業と見なされるケース

管理組合の駐車場収入に関して、国税庁によれば次の点を考慮する必要があります。

■駐車場の貸出先が自組合員のみ、つまりマンションの住民のみである場合→収益事業に該当しません。

■一部でも外部に貸し出しを行っている場合→「収益事業」と見なされる可能性がありま す（個別判断が必要なので実際にアナタのマンションが対象となるかどうかは、税務署や税理士など専門家に確認してください）。その場合、この収入は課税対象に該当します。

この様に、外部からの収入が発生すると場合によっては課税対象となることから、管理組合は法人として法人税を納める必要が生じます。つまり、法人税の手続きを行う必要があるのです。

収益事業と見なされれば、管理組合の法人番号を記載して法人税手続きを行う

なお、この様に法人税の手続きを行う管理組合には、「法人番号」が指定されるので法

人税関連の書類にその「法人番号」を記載することが必要です。

この法人番号は、登記を行っている全法人（いわゆる事業会社等）とともに、「法人税・消費税の申告納税義務又は給与等に係る所得税の源泉徴収義務を有することとなる団体」に対しては、国税庁が「法人番号」を付番する事になっています。

「収益事業」があり「納税義務のある管理組合」は前述の団体に該当しますので、法人番号が付番されます。法人番号は法人税等の申告手続きにおいて記載が必要となります。

修繕積立金は収益事業に該当しない

では「修繕積立金」はどうなるのでしょうか？

修繕積立金は収益事業に該当しません。よって、修繕積立金以外の収入がない管理組合（たいていのマンション）は法人税手続は不要であり法人番号も付番されません。

まとめ

1　マンションの住人以外に駐車場を貸し出している場合など、収益事業と見なされた場合には管理組合でも税手続きとマイナンバー対応が必要。

2　ただし、修繕積立金だけ（たいていのマンション）ならマイナンバー対応は不要。

質問
24

自主管理のマンション

マンション管理組合で清掃のバイトを雇った場合のマイナンバーの扱いは？

管理組合がアルバイトを直接雇っている場合にはその給与所得に係る源泉徴収手続きが発生します。マイナンバーを集めて手続きする事が必要です。

マンションや団地の中には管理会社に委託せず（自主管理などのマンション）、管理組合が直接清掃などのアルバイトを雇っている場合もあるようです。

「マンションの管理組合だし、アルバイトだし、マイナンバーなんて関係ないよね？」

いえいえ、実はそうでもないのです。

管理組合でも直接雇用している場合には源泉徴収手続きを行う義務

管理組合が直接雇用としてアルバイトを雇った場合、「給与所得」として源泉徴収を行う必要が生じます。このため、人を雇うような管理組合には「給与等に係る所得税の源泉徴収義務がある団体」として、国税庁より法人番号が付番されます。

法人番号は通常は登記を行っている企業等に付番される番号なのですが、仮に営利企業ではなくても、源泉徴収義務がある団体等には自動的に国税庁が法人番号を決めて通知するのです。

源泉徴収を行う場合には、マイナンバーを集める必要がある

源泉徴収を行う際には、マイナンバーが必要となりました。これはアルバイトやパートの方々に関しても作成が必要な源泉徴収票等にマイナンバーの記載が必要だからです。

そのためには、アルバイトなど直接に管理組合が雇った方々からマイナンバーを届け出ていただく必要があるのです。

ですから、源泉徴収に伴う各種の税報告に際しては、アルバイトのマイナンバーととも

に管理組合の法人番号の記載が必要となります。

なお、アルバイトに関しては、「マイナンバーの届け出」とともに「本人確認」（「通知カード等による番号の確認」と「身元確認書類による身元確認」）が必要です。

また、アルバイトだけではなく、契約社員やパート等の職種での雇用形態でも、管理組合が直接雇用している従業員であれば同じ扱いになります。

管理組合であってもマイナンバーの安全管理義務があり、怠ると罰則等の可能性

大事なのは、この様にアルバイト従業員のマイナンバーの届け出を受ける管理組合にはとても大切な事務処理があることです。それは「取得したマイナンバーの安全管理」です。

一度取得した従業員（直接雇用）のマイナンバーは、ルールにのっとって安全に管理される必要があり、その従業員が退職した場合には関連する情報の破棄をしなければならないなど、厳格なルールに従ってマイナンバーの管理を行う必要があります。

仮に管理が不十分で漏えい等が起きた場合などには、管理組合が罰則の対象になる等の可能性があります。漏えいの被害者に対しては民事上の責任も負う可能性もあります。

このように事務負担は決して軽くないのです。

業務自体を外部委託すればマイナンバーの管理を行う必要がない

なお、掃除等の業務そのものを管理会社や清掃会社など外部に委託する事で、アルバイト等を管理組合が直接雇用しないのであれば、マイナンバーの管理はその外部業者が行う事になります。

その場合は、当然、「源泉徴収」や「マイナンバー管理」といった事務を管理組合が行う必要はありません。

管理費用をコストダウンしようと自主管理を選ぶマンションもあるようですが、事務負担やリスクを考慮すると、この様な外部に委託することを検討してみたいものです。

まとめ

1 アルバイトを直接雇う場合、管理組合は源泉徴収手続きを行う。
2 源泉徴収手続きに伴い、アルバイトのマイナンバーを集める。
3 税手続きにはマイナンバーと管理組合の法人番号を記載が必要。

第3章

職場の大混乱を収める！

困った勤務先とワケあり従業員の妥協点は？

質問25 会社への提出を拒否したら？

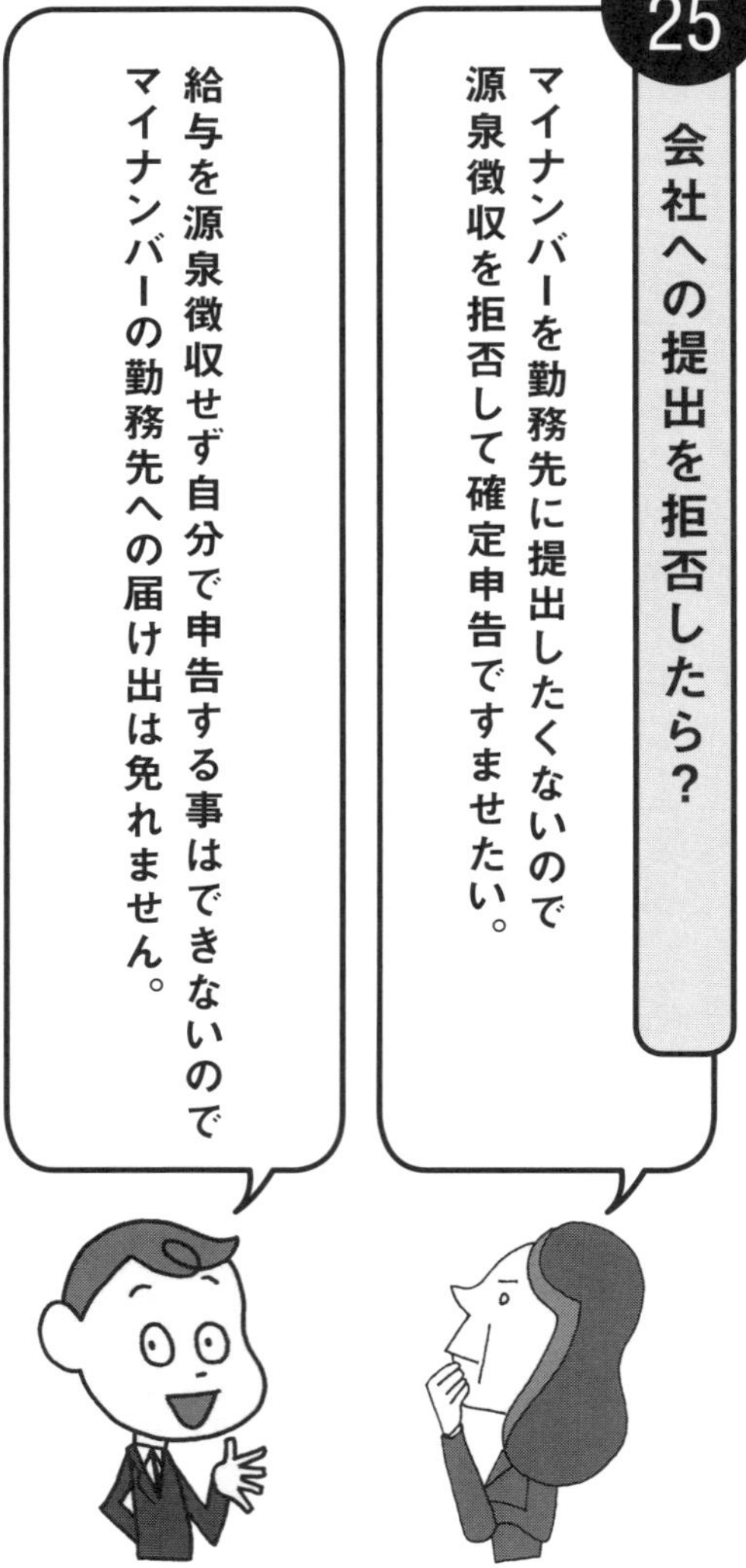
マイナンバーを勤務先に提出したくないので
源泉徴収を拒否して確定申告ですませたい。
給与を源泉徴収せず自分で申告する事はできないので
マイナンバーの勤務先への届け出は免れません。

「勤務先の事務が信用できないので、個人情報やマイナンバーを渡したくない。源泉徴収しないで自分で全部申告できないか」といった質問を時々いただきます。

特に小さな会社で人事や経理などの担当者を直接知っている場合、その人物を信用できない、といった不安がぬぐえないようです。

企業は源泉徴収を行う「義務」があり、個人が源泉徴収を拒否できない

不安になる気持ちは理解できますが、残念ながら、その様な事はできません。

マイナンバー制度に関係なく、従業員は、「給与」として支払いを受けている場合、給与所得を支払う企業が「源泉徴収」を行う事は、法律上の義務になっています。このため、個人の都合で源泉徴収を拒否することができません。

いくら会社が信用できないからといって勝手にその様な事をする事はできないのです。

また、税や社会保険の手続きの中には、企業からの提出が必要なものも多数あります。それを個人が企業に代わって勝手に手続きできないのです。

企業が源泉徴収を行う以上マイナンバーの勤務先への届け出も必要

「源泉徴収」を行う際に、給与支払いを受ける者は「住所」「氏名」等と同様にマイナンバーの届け出も法律上の義務に該当します。つまり、源泉徴収を行う以上はマイナンバーの届け出も勤務先に必ず行う必要があるのです。これらは法律上のルールですので、勝手に自己の判断で取りやめたりはできないのです。

企業が行うべき安全管理措置の例

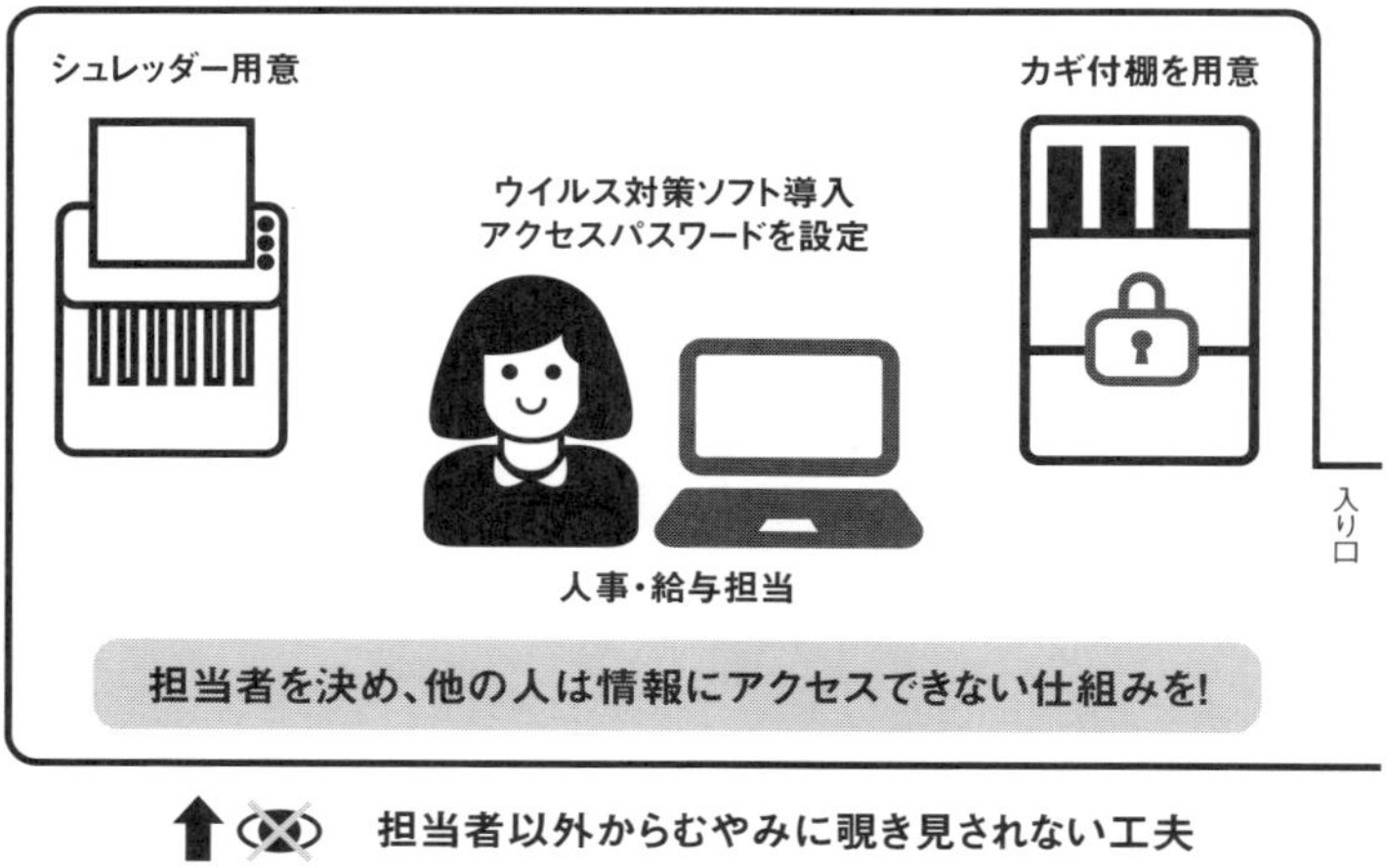

（出所）内閣府「中小企業のみなさんへ（入門編）」

なお、企業に、マイナンバーの届け出を拒否した場合の罰則規定等はありませんので提出を拒否する事も可能ですが、「法律上の義務」である以上、届け出を行っていただく必要があります。

ただし、届け出を行わなかったからといってそれを理由に会社が従業員を懲戒解雇を行ったり給料を払わなかったりすることはできません（Q31参照）。

仮にその様な理由で解雇されたりした場合には、最寄りの労働基準監督署に相談するように厚生労働省は呼びかけています。

勤務先のマイナンバー管理に不安があれば個人情報委員会の窓口に相談を

もし、どうしても勤務先の管理体制等が不安でマイナンバーの漏えい等が起きそうな場合には、「個人情報保護委員会」の窓口に相談する手があります。企業はマイナンバーの安全な管理を行う義務があり、それを怠った場合にはペナルティもあります。企業がそれらを怠っていないか監視・監督する機関が個人情報保護委員会です。

個人情報保護委員会には、管理に問題がある場合の相談窓口を設けています。マイナンバー苦情あっせん相談窓口（電話番号０３－６４５７－９５８５）です。

もし勤務先の管理体制に不安があるなら相談してはいかがでしょうか。個人情報保護委員会は、企業の管理に問題がある場合には、行政指導等を行える強い権限があります。

まとめ

1　個人は勤務先による源泉徴収を拒めない。

2　源泉徴収を行う以上、勤務先にマイナンバーを届け出る必要がある。

3　ただし、提供拒否を理由に勤務先は解雇などできない。

質問 26

立場が弱い場合の対処方法は？

フリーランスですが、仕事をもらっている会社がいい加減なので信用できません。

マイナンバーの管理を怠った企業には罰則も。その旨を理解してもらい改善してもらいましょう

先日、ある作家とお話しする機会がありました。その作家は「新しく連載する事になったけど、初めての取引相手で、とても小さい出版社なの。何よりも事務所は整理整頓されてないし、渡された書類も不備が多かったの。マイナンバーを提出してくださいと言われたけど、漏えいしそうで怖くて……」と不安がっていました。

不安でもマイナンバーの届け出は必要……

わかります、その気持ち。「マイナンバーは大切な情報です」と政府広報でも言っていますよね。そんな大切な情報を安全な管理ができなさそうな会社に渡して大丈夫なのでしょうか。

この質問は前の質問（Q25）と同じで、信用できない相手にマイナンバーを提供することへの不安が背景ですよね。

結論から言いますと、前の質問（Q25）と同じで、残念ながら取引先の管理体制に不安があるからといって、マイナンバーの提供をしないわけにはいかないのです。

原稿料などを一定額以上受け取る場合には、支払調書の作成のためにマイナンバーの届け出を行う事が法律で義務づけられています。これは相手がどの様な規模、業種、業績であれ行わなければならないのです。

企業はマイナンバーを安全に管理する義務がある

とは言え、それだけでは不安ですよね。やはり、取引先にしっかりとした管理を行っていただくしかありません。

会社はマイナンバーを取り扱う際にしっかりした安全管理を行う事が法律上、義務づけられています。安全管理が不十分なことによる情報漏えいなどが起きた場合には、重い罰則も課せられるようになっています。

まずは、取引先会社に、しっかりとした対策を行っているかについて確認をしてくださ い。とはいえ、なかなか取引先に話しにくいものです。仕事をもらっている会社にそんな話をしようものなら、契約を打ち切られる可能性もあるかと思います。

しかし仮に情報漏えいなどがあった場合、その影響は大きいです。また、漏えいした企業は民事上の責任を負うこととなります。その事はその企業にとっても望ましい事ではないはずです。マイナンバーが含まれる情報は、「特定個人情報」として扱われますので、会社はその責任がある事、その上で自分のマイナンバーに係る情報もしっかりと守ってほしい事を角が立たないように伝えるしかありません。「仕事仲間の話ですが、クライアントが情報漏えいをしてたいへんだったみたいですが、御社は大丈夫ですか」「マイナンバーの管理を疎かにして漏えいが起きると会社も罰せられるそうですよ」とかです。

勤務先のマイナンバー管理に不安があれば個人情報委員会の窓口に相談する手も

それでも、取引先の管理体制等が不安で漏えい等が起きそうな場合には、前の質問（Q25参照）の勤務先のケース同様、個人情報保護委員会の窓口に相談する手もあります。

企業には下請け企業のマイナンバーであっても、安全な管理を行う義務があり、それを怠った場合には罰則等のペナルティもあります。そして、企業がその様に怠っていないか監視・監督する機関が個人情報保護委員会です。

個人情報保護委員会には、管理に問題がある様な場合の相談窓口を設けています。

マイナンバー苦情あっせん相談窓口（０３－６４５７－９５８５）

こちらで取引先の管理体制に不安がある事を相談してはいかがでしょうか。個人情報保護委員会は企業の管理に問題がある場合には、行政指導等を行える強い権限があります。

まとめ

１　立場の強い発注先であってもマイナンバーの管理責任がある。

２　安全な管理を怠った場合には、罰則を受ける可能性もあることを伝え、改善を図るか、個人情報保護委員会に相談する手も。

質問 27 実際の住所と違う家に居住

実際の住所と住民票の住所が違っています。どうすればいいのでしょうか？

マイナンバー届け出の際に行う本人確認ができない可能性があります。DVで逃げているなど特段の事情があれば相談を。

「単身赴任で住民票の住所を移していません」「引越したけど、忙しくて免許証の住所変更をしていません。マイナンバーの手続きに問題ありますか？」

よくあるケースです。転勤などで引っ越しをするとバタバタしていて、ついつい住所変更手続きを後回しにしがちです。特に運転免許証などは忘れやすいですよね。

マイナンバーの手続きでは住民票の住所が前提

若い人だと、就職を機に会社の寮に入寮したけど、住民票は実家のままで、会社に届けている住所と住民票の住所が異なっているケースもありそうです。

また、人によってはどうしても住民票住所を今の住所に移せない方もいらっしゃいます。例えば、ＤＶ（家庭内暴力）等の被害で居所に住所変更できない方々です。

この様な方々がマイナンバーの手続きで注意すべき点はあるのでしょうか。

マイナンバーは、住民票に基づいて付番され、通知カードにはその住民票の住所が記載されます。マイナンバーを提供する際に必ず行う本人確認手続きでは、身元確認書類で通知カードに記載されている住民票の住所の確認を行い、通知カードでマイナンバーの確認を行います。住所が異なる場合や通知カードが手元にない場合には本人確認ができません。

免許証の住所も違うと身元確認がさらに面倒に

このため、例えば運転免許証と住民票が違う場合には運転免許証では住所の確認ができない事になります。同様に、住民票の住所と実際に住んでいる住所が異なる場合にも、通知カードが手元に届かずマイナンバーの確認が行えない事になります。

これによって勤務先や役所などの様々な公的機関の手続きでマイナンバーを提供する際の本人確認に困る可能性が出てきます。

「本人確認」では、原則として顔写真つき身元確認書類の提示が必要です。一般的に該当する書類は、「運転免許証」ですから、この記載事項を正しく住民票と免許証の住所が合っていることが必要となります。

運転免許証と住民票の住所が異なる場合には、それらの照合ができなくなり、運転免許証の住所変更を行ってから、再度「やり直し」になる可能性もあります。

場合によっては、住所が異なっても確認可能なケースもある

とは言え、諸事情で確認書類がそろわない人もいるでしょう。

実はマイナンバーの本人確認では「氏名」及び「住所」または「氏名」及び「生年月日」で照合されます。

ですから、例えば「住所」が異なっていても「生年月日」で確認することも不可能ではありません。

しかし、会社や役所によっては必ず「住所」で照合するという場合もあるでしょう。その場合、記載事項を正しく変更してから、再度確認を行う場合もあります。

やむを得ない事情がある場合には、自治体が対応してくれるので大丈夫！

不都合や不便を解消するためにも、これを機に正しい住所に変更をするのがいちばんでしょう。ただし、ＤＶの被害者などのように、やむを得ず住民票が置いてある場所と実際に住む場所が異なる場合もあるでしょう。

ご安心ください。そういう場合にも、自治体が支障ないように対応してくれます。この場合には、住民票の住所と実際の住所が異なっていても対応してもらえます。まずは、最寄りの自治体に相談してみてください。

(なお、会社に届けている名前が本名と違う場合はＱ44参照)

まとめ

１　マイナンバー届け出の際は、住民票の住所を前提とした本人確認手続きが必要。

２　住所が異なる場合には、本人確認ができなくなる可能性がある。

３　ＤＶ被害者等の特別な事情がある場合は対応してくれる。

質問28 会社にカードを預ける？

勤務先から「通知カードを会社に預けろ」と命令されました。拒否できる？

通知カードを預ける必要はありません。確認のためなどにどうしても必要であれば、コピーを渡すことで対応可能です。

大事なことですが、そもそも通知カードは、会社が預かる「義務」はありませんし、従業員が会社に預ける「義務」もありません。家族の分も同様です。

なぜならば、マイナンバーは、従業員は勤務先だけで使用するのではなく、従業員の生活シーンの中でも様々な目的（利用シーンは後述）で利用します。

カードを預けた場合、行えなくなる手続きが出てくる

仮に通知カードを勤務先に預けてしまった場合、生活シーンで利用できなくなり困ることになるでしょう。例えば、次にあげる役所で行う手続き（次のページの表も参照）では、マイナンバーの届け出が必要であり、そのため通知カードの提示を求められます。

■児童手当の申請手続き等
■介護保険の申請手続き等
■母子健康手帳の申請手続き等

例えば、妊娠がわかったら、最初にする手続きは母子健康手帳をもらう事ですよね。その際に妊婦さんのマイナンバーの届け出が必要なのです。仮に通知カードが手元になければ手続きに不備が生じます。他にも金融機関への提出など、様々な生活のシーンでマイナンバーの届け出が必要になります。そのためにも手元に置いておく必要があるのです。

この様な事から見て、会社ないしは会社の顧問税理士が通知カードを預かるというのは好ましくないといえます。

例えば、企業が従業員に交付する健康保険証を会社が預かることはありません。それと

地方公共団体で個人番号を求められる主な手続き

役所の手続きでマイナンバーが必要な主な場面（2016年1月時点）

暮らし	住民票や戸籍の届け出の変更 公営住宅への入居申請
税金	市民税の手続き 固定資産税の手続き 各種税金の減免申請
子育て	児童手当等の新規認定請求や申請 母子健康手帳の交付申請 幼稚園や保育園などへの入所申込み
介護・福祉	介護保険の各種サービス利用の申請 身体障害者手帳の申請 障害者総合支援法に基づく各種支援の申請
保険・医療	国民健康保険の各種届け出・申請 （加入・脱退、氏名変更の届け、各種免除の申請など） 後期高齢者医療の各種の届け出・申請

（注）上記は代表例です。上記以外でもマイナンバーが必要となる手続きがあります。手続きの詳細は各自治体へ問い合わせてください。

同じで、マイナンバーに係る通知カードも同様に扱われる事が必要です。

事務確認のためであれば通知カードの写しを渡すことで対応可能

一方で、会社が確認のために「通知カードの写し」を「保管」することは認められています。もし会社が、どうしても確認用に保管したいのであれば通知カードの写しを預かってもらえばよいのです。ですから、写しで問題ないはずという旨を会社に、まず説明してください。その様に説明すれば勤務先も理解してくれるのではないでしょうか。

それでも、どうしても原本の提供を求められるようであれば、次に紹介する強い指導権限のある行政の相談窓口に相談してください。

マイナンバーの運用を管理監督する個人情報保護委員会
マイナンバー苦情あっせん相談窓口（０３−６４５７−９５８５）

まとめ

1 通知カードは、勤務先以外に役所等での手続きにも必要になる。
2 このため、勤務先や顧問税理士に通知カードの原本を預ける必要はない。
3 事務確認のためなどで必要なら、コピーを渡すことで対応可能。

質問29 情報漏えいに損害賠償請求できる？

個人情報を漏らした勤務先を訴えることができますか？

マイナンバーの管理を怠り漏えいした企業には損害賠償請求等を行えます。通常の情報漏えいよりも重い責任を負います。

最近、数百万件単位の大規模な個人情報漏洩の事件がたびたびニュースとなります。

「しっかりしている大企業でさえ漏えいするのに、うちの会社は管理がいい加減そうだけど……、もしマイナンバーの情報とか漏えいしたら泣き寝入りなのでしょうか？」

そんな疑問をお持ちの方も多いでしょう。

管理を怠りマイナンバーを漏えいした企業は民事上の責任がある

マイナンバーに係る情報は、「特定個人情報」です。企業の管理が不十分でこの情報を漏らした場合には、漏らした当事者だけではなく、企業にも大きな責任が生じます。罰則や行政処分の対象になる可能性があり企業へのダメージは計り知れません。

もし、勤務先の安全管理体制がしっかりとしていないために、マイナンバーに係る情報が漏えいした場合には、勤務先にも「民事上の責任」があるとされており、被害者は「損害賠償請求」を行う事が可能です。

また、管理を怠った上に従業員が漏えいをした場合には、会社も罰金刑の対象になります。この事からも、会社はしっかりとした管理が必要になります。

一般的な個人情報以上に高額な賠償額となる可能性も

ちなみに、個人情報保護に詳しい弁護士さん等の意見によれば、マイナンバーに係る情報は、「氏名」や「住所」等の「一般的な個人情報」以上に重要度が高いことから、「損害賠償額」は「一般的な個人情報よりも高額になる可能性がある」といわれています。

つまり、企業はそれだけ重い責任があるとともに、もし怠った場合にはその様なリスクがあるのです。

マイナンバーは本人を特定しやすい情報

日本には、二十四節気や季節にちなんで名前をつける慣習もあって（例えば五月生まれだと「さつき」など）、別人なのに生年月日も名前も同じ、というケースがあります。同姓同名や読み方が同じなどのケースも多く、日本人は割と個人を的確にスピーディに識別するのが難しい実態があります。

ある自治体では同姓同名かつ生年月日も同じ人の転入籍で、混乱が生じたケースもありました。

しかし、マイナンバーは、その番号だけで個人を特定できます。個人を簡単に特定できる情報だからこそ、普通の個人情報を預かり、情報漏えいした場合より、重い罪に問われるのです。

ちなみに、欧米では同姓同名がかなり多く、兄弟姉妹で同じ名前を持つことさえも珍しくありません。そのため個人の特定が非常に難しいのです。

こうした背景も、日本よりも先に識別番号の仕組みが普及した理由といわれています。

企業にとっては死活問題だと認識を

情報漏えいは企業にとっては死活問題になります。この部分の対応を正しく行う必要があり、運営、管理ともに、正しく運用しなければなりません。

その正しい運用によって、従業員からの信頼や社会的な信用も守られるのですから、企業にとっては、大変大事なことです。経営者は漏えいした場合のリスクの大きさを再認識し、漏えい等起きない様に安全対策を講じる必要があります。

まとめ

1 マイナンバーの安全な管理を怠った場合には民事上の責任がある。
2 情報漏えいされたら、損害賠償請求等を行える。
3 管理を怠った企業には罰則の可能性も。

質問30 コピー可のケース、不可のケース

勤務先から提出する通知カードは「コピーは不可」と言われましたが本当ですか?

担当者と対面で確認する場合には原本ですが、担当部署に送付して確認する場合はコピーで構いません。企業の説明不足です。

「勤務先から通知カードの提出を求められたので預けてしまったのですが、役所にマイナンバーカードの受取りに行った際に通知カードを返納するように言われました。手元になくて困ってしまった」

こういった悩みを抱えた方がいらっしゃいます。

「勤務先にマイナンバーを届け出る」という事はご存じの方が増えてきたようですが、「役所の手続きでマイナンバーを届け出る事がある」というのはまだあまり知られていません。

それだからか、通知カードの原本を勤務先に渡してしまう方もいるようです。

企業も担当者の理解不足からか、どのような場合でも原本を要求したり、原本を預かってしまったりするケースがあるようです。

対面での本人確認は原本だが、送付の場合はコピーでOK

マイナンバーを勤務先に提供する際には、次の2通りの本人確認の方法があります。

（1）対面による本人確認

これは、マイナンバーの届け出を行う際に、その受付けを行う担当者と、その場で対面で本人確認を行う場合です。例えば、従業員が人事部の窓口に出向いたり、工場で従業員を集めてその場で届け出を行ったりするような場合です。

この様な対面での本人確認では、ルール上「通知カードの提示を行う」とされています。ですから通知カードなどの原本を提示します。ただし、重要なのは、この場合、原本そのものを預かる事は必要がないことです。あくまでも書類を確認すればいいのです。

（2）書類送付による本人確認

一方、従業員が直接担当者のもとに出向いて確認ができない場合には、担当者宛てに届け出の書類と確認するための書類、つまり通知カードや身元確認書類を送付して確認してもらう方法も認められています。これは社内便や郵送等でも構いません。

ただ、この様に書類を送付して確認する場合には、確認に必要な書類は「写しでもよい」とされています。

このことから、対面での場合には原本の提示が必要と考えられますが、書類送付の場合には写しで構わないのです。

実際、書類送付で行う際に原本を義務づけるのは難しいと思われます。なぜなら、確認書類としては通知カード以外に運転免許証などの身元確認書類も必要です。確認のためとはいえ、会社が従業員に「免許証の原本を郵便で送れ」と命令するのは非現実的です。

企業が従業員に通知カードを提供させて保管する事は望ましくない

そもそも企業が行わなければいけないのは、通知カードの記載内容が届け出内容と合っているかを確認する事だけです。通知カードないしはそのコピーの保管は義務づけられて

対面・書面送付による本人確認手続きの例

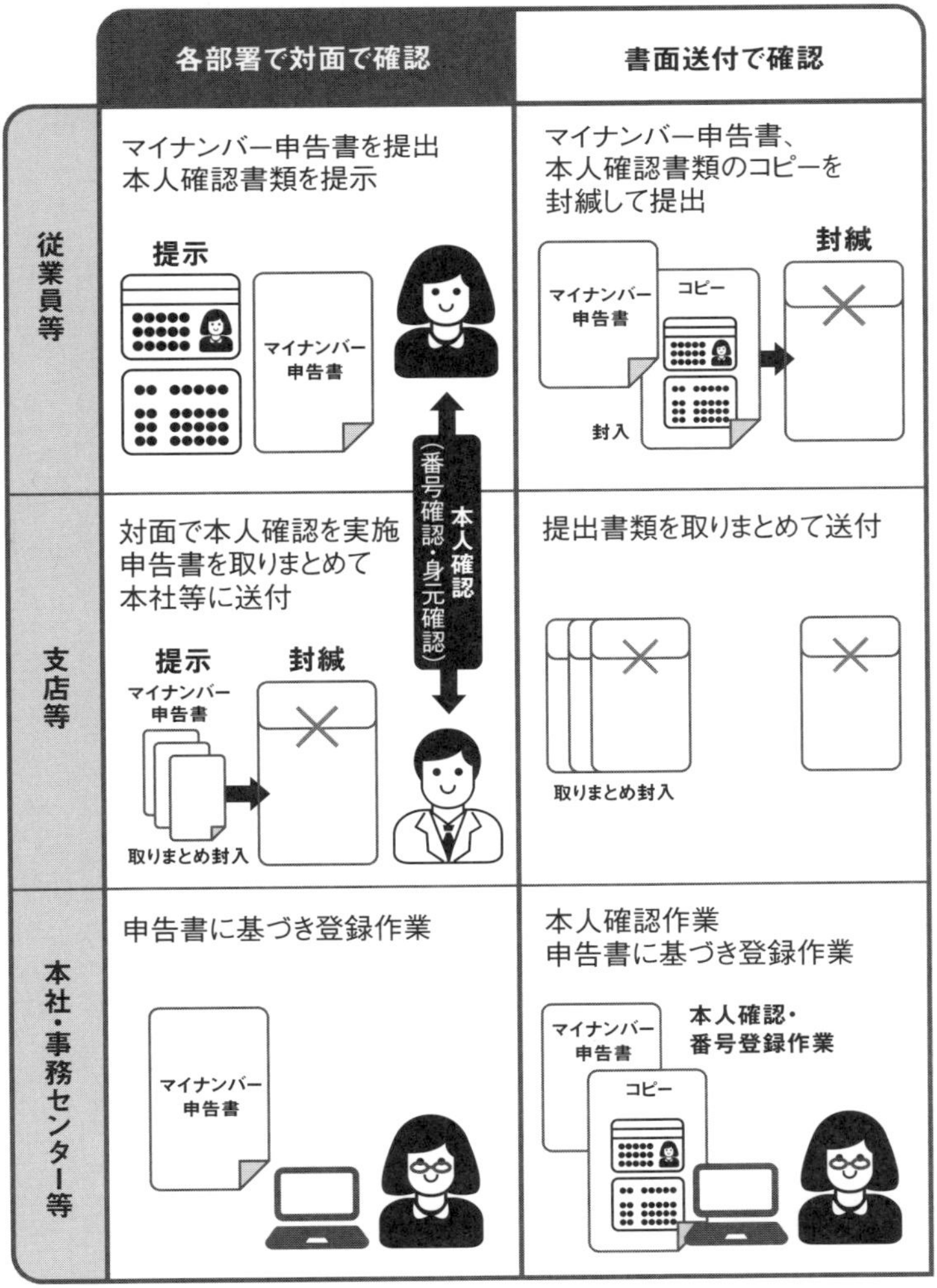

いません（コピーの保管は可能ですが、その場合は厳格な保管が義務づけられます）。

この様に、原本を勤務先に提出してそれを勤務先が保管するという事は必要ありませんし、そんなことをすれば保管する事で厳格な保管義務が生じるなど、企業にとっては負担が大きい事務になります。

また、従業員が役所での届け出などでマイナンバーが必要な場合に手続き等が行いづらくなるといった不都合も生じます。

家族分はどのケースでも会社に原本の提示は不要

一方、家族分についてですが、家族については、従業員が家族分の番号を確認して申告する形になっています。ですので、申告の際に家族分の通知カードの原本を提示する必要はありません。

まとめ

1 マイナンバーの提供の際に行う本人確認を対面で行うときは通知カードの原本で。家族の分は、そもそも会社に提出不要。

2 担当部署に送付して確認する場合にはコピーでも構わない。

質問31 マイナンバーを理由の懲戒や解雇

勤務態度が悪くリストラしたい従業員がいます。マイナンバーの未提出を理由に懲戒解雇できますか？

その様な事はできません。法令違反となる可能性が高いです。

「マイナンバーの提出が法律上の義務なら、提供を行わない従業員には懲戒処分を科す事ができますか」――このような趣旨の質問は経営者の方からよく聞かれます。

中には質問の様に「これを理由にして、日頃から言う事を聞かない従業員を辞めさせられる」と考える人もいるようです。

結論から言いますと、この様な事はできません。さらに言えば法令違反になる可能性が高いのです。絶対にその様な事は行わないようにしてください。

確かにマイナンバーの届け出は法律上の義務だが……

確かに、マイナンバーの提出は従業員の義務であり、提出させる「必要」があります。そのため、会社は就業規則に従業員は提出が必要である旨の記載を行う事も可能ですし、提出の働き掛けは十分に行なう必要があります。

また、その十分な努力の甲斐なく、提出を拒まれた場合には、その経緯を記録する事も国税庁や厚生労働省は推奨しています。

マイナンバーの提出を拒否してもそれを理由に解雇はNG！

しかしながら、マイナンバーの提出を行わないからといって、そのことだけを理由に懲戒解雇を行う事はできないのです。

あまり知られていないのですが、この様な課題に関して、厚生労働省は見解を公開しています。厚生労働省が公開しているQ＆Aを見て見ましょう（１４６ページ図も参照）。

これによると、「勤務先から、マイナンバーを提供しないと、解雇したり、賃金を支払わないと言われたのですが……」との質問に対して、「マイナンバーを提供しないことを理由とする賃金不払い等の不利益な取扱いや解雇等は、労働関係法令に違反又は民事上無効となる可能性があります。職場で起きた労働問題については、都道府県労働局や労働基準監督署内に設置されている総合労働相談コーナーにご相談ください。」と回答しています。

つまり、その様な事を行えば、会社が法令違反になったりする可能性が高いのです。ですから、この様な対応は絶対に避けるべきです。

就業規則に書いても解雇はできない！

インターネットを見ると「就業規則に書いていれば解雇できる」といった意見もあるようですが、厚生労働省の見解はその様な事を含めて認めていませんのでご注意ください。

まずは、従業員にマイナンバー提出が必要な旨を、丁寧に説明してみましょう。

どれくらい企業努力をしているのか、理解や認知は正しく行われているのか、研修等で何度でも説明していきましょう。

解雇や懲戒は法令違反か民事上無効に

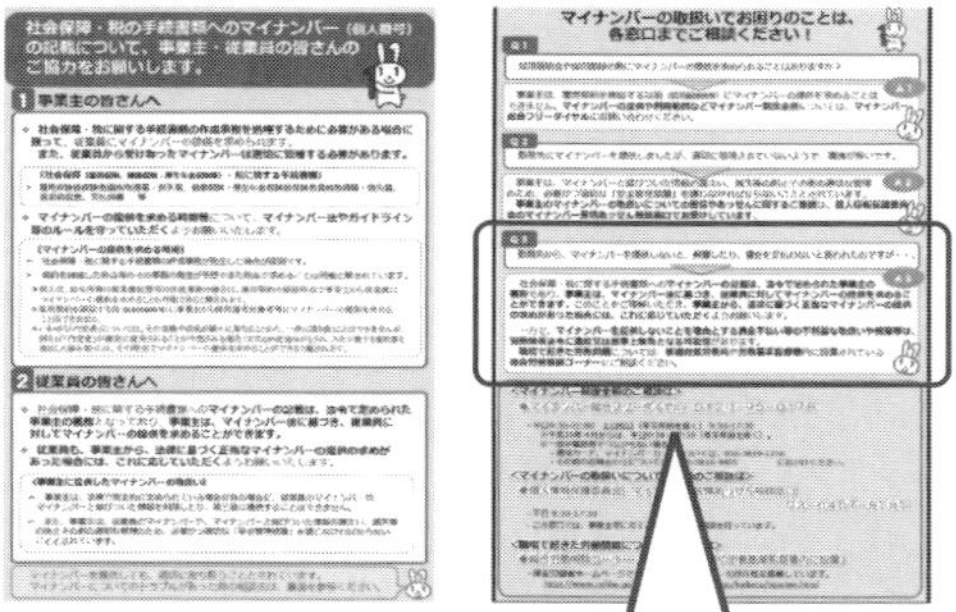

Q　勤務先から、マイナンバーを提供しないと、解雇したり、賃金を払わないと言われたのですが・・・。

A　社会保障・税に関する手続書類へのマイナンバーの記載は、法令で定められた事業主の義務であり、事業主は、マイナンバー法に基づき、従業員に対してマイナンバーの提供を求めることができます。このことをご理解いただき、事業主から、法律に基づく正当なマイナンバーの提供があった場合には、これに応じていただくようお願いします。

一方で、マイナンバーを提供しないことを理由とする賃金不払い等の不利益な取扱いや解雇等は、労働関係法令に違反又は民事上無効となる可能性があります。

職場で起きた労働問題については、都道府県労働局や労働基準監督署内に設置されている総合労働相談コーナーにご相談ください。

出所：厚生労働省
http://www.mhlw.go.jp/file/06-Seisakujouhou-12600000-Seisakutoukatsukan/0000122574.pdf

不信感は会社の運営体制のせいではないか？

実際に色々な方に聞きますと、「そもそもうちの会社がマイナンバーの様な重要な情報をしっかりと管理できるとはとても思えない。だから、自分としては会社に提出したくない」という意見はかなり見受けられます（Q46参照）。

つまり、マイナンバー制度よりも、会社の管理・運営体制に対する不安が大きいのです。これでは、いくら言ってもなかなか届け出をしてもらえないでしょう。

この様に企業のマイナンバー管理・運営に対して、不信感を持たれている可能性もあります。制度の説明だけではなく、十分気をつけて運営・管理をしていることも従業員にアピールする必要があります。

まとめ

1 従業員がマイナンバーの届け出を行う事は法律上の義務。
2 ただし、それを理由に解雇等を行うと法令違反となる可能性が高い。
3 就業規則で一方的に決めても認められない。

質問 32 届け出ないまま退職した

マイナンバーを申告する前に会社を退職しました。大丈夫ですか?　後から伝えるべき?

退職後であっても、元の勤務先に伝え、書類等に記載して貰う事が本来は望ましいです。ただし、届け出なくても罰則等はありません。

「マイナンバーの届け出を忘れて退職したのですが、退職金への追徴課税などペナルティがありますか?」「マイナンバーを届け出るようもとの勤務先から言われ続けましたが、もう会社を辞めたし、田舎へ帰ったのだから、今さら届け出は不要ですよね?」

こうした退職時の手続きに関しての質問も少なくありません。退職の際には様々な手続きが必要となります。ですが、この時期に退職する方はマイナンバーに関する情報不足から、不安になるのでしょう。

マイナンバーは会社の色々な手続きで必要です。それには退職の手続きも入ります。

では、マイナンバーを会社に届け出ないで退職しても問題ないのでしょうか？

退職の手続きでもマイナンバーが必要になる

退職の際に行われる様々な手続きの中にも、マイナンバーが必要な手続きがあります。例えば、退職した際に作成された「退職所得の源泉徴収票」などには「マイナンバーの記載欄」があります。

このため、本来は退職までにマイナンバーを届け出る事が必要なのです。その上で勤務先は各種必要書類にマイナンバーを記載して、税務署等に提出する事になります。

通常、雇用時点等でマイナンバーを届け出ていれば、そのマイナンバーを利用して手続きを行えますが、何らかの事情でマイナンバーの届け出を行っていない場合には、退職時にマイナンバーの届け出を行う事が必要です。

仮に退職時にマイナンバーを申告するのを忘れてしまったなど、後で気づいた場合には、その旨を退職した勤務先に伝え、書類等に記載して貰う事が望ましいです。

罰則はないが、まずは勤務先に連絡をする事が望ましい

これら必要書類にマイナンバーを記載するのは勤務先の「責務」でありそのために「退職者もマイナンバーを届け出る義務」があります。

ですが、「マイナンバーを申告しないままでいる」事、それだから「勤務先も本来記載すべきマイナンバーが記載されていない書類しか作成できない」事に関しては、現時点で罰則規定はありません。

例えば、退職後に引っ越しをしてしまい連絡を取りづらいなど、どうしてもという事情があった場合、提出しなかったからといって現時点では何らかの不利益を被るわけではありません。その点ご心配いりません。

勤務先から届け出の依頼が来てからでも対応可能

なお、国税庁等は、本来、従業員より取得すべきマイナンバーを何らかの理由で取得できない場合には、その「対象者」に連絡して、「義務であり提出してほしい旨説明する事」

が求められております。

それでも、取得できない場合には「従業員とのやり取りの経緯を記録する事が望ましい」としています。これは、企業として、取得しようと努力した証拠をきちんと残すことを目的としています。

その事からも、「退職した勤務先」からも「申告依頼の連絡が来る」はずであり、そのタイミングで申告する事も可能です。退職の経緯や事情によって、ご自身から電話しにくいこともあるでしょう。ですが、例えば申告依頼の連絡が来た際などにできる限り、双方が歩み寄って正しい手続きを行うよう、努力しましょう。

ただし、前のQ31やQ09、Q25などでも説明しておりますが、届け出なくても罰則はありませんし、届出を行わない事を理由に退職金を払わないということも許されません。もしその様な事があったら、最寄りの労働基準監督署に相談しましょう。

まとめ

1 退職に際しての税等の手続きではマイナンバーが必要になる。
2 退職後であっても、退職した勤務先に届け出るべき。
3 ただし、仮に届け出なくても罰則等はない。

質問33

同じ人をまた雇うケース

繁忙期だけ来てもらうバイトなど、同じ人でもその都度の手続きが必要？

原則、継続的な雇用契約がなければ、雇用の都度にマイナンバーの届け出が必要です。その都度、本人確認も必要です。

「急な大量注文が来た忙しいときだけ、近所の方にパートで来てもらっているのですが、毎回マイナンバーの手続きが必要ですか？」

「私は農家をやっています。毎年収穫時期だけ同じ人に手伝いに来てもらっているのですが、その場合マイナンバーの手続きはどうなるのでしょうか」

経営者からも、またパートなどで働く方からも、各地でマイナンバーのお話をするとこの様な質問をいただく事があります。

「マイナンバーの届け出」を毎回毎回行うのはとても面倒ですよね。「いつも同じ人なんだから前に集めた情報を使えばいい」と誰もが思うのではないでしょうか。

雇用の都度マイナンバーの届け出をしてもらう

残念ながら、原則として雇用の都度マイナンバーの届け出をしてもらう事が必要です。

本来、マイナンバーは「事務に必要な時以外」には「保管を行ってはいけない」とされています。これは事務作業に不必要なマイナンバーをそのまま保管していた場合、漏えいリスクが高まると見なされるためです。そのため、マイナンバーを保管していいのは、事務で利用することが明らかな場合に限定されるのです。

退職した人のマイナンバーは他の手続きに使用不可

例えば、継続的な契約関係が「ある」場合には、税務署等への毎年提出する書類にマイナンバーを利用することになります。そのため、一度届け出を受けたマイナンバーを、それらの手続きで使うために継続的に保管する事が可能です。

一方、退職などで雇用契約が切れた場合には、退職時の手続きで使った後は利用する事はありませんので、継続的な契約関係が「ない」場合には、保管はできません。

勤務していた時期に作成したマイナンバー記載の書類は退職後も法定期限まで保管はできますが、その情報を他の手続きに流用する事はできないのです。

そのため、退職者のマイナンバーは次の事務に不要と判断され、つまり退職時点で「廃棄」する事が必要となります。

「再雇用」等の特別な事情がない限り、前の雇用契約のマイナンバーは使えない

マイナンバーの取扱いルールを定めている個人情報保護委員会のガイドラインでは、いわゆる再雇用の場合には前の雇用契約の際のマイナンバーを使用できるとされています。

ただし、この事は裏を返せば再雇用契約等の「継続的な雇用契約」がない限り、以前の（初回契約の）マイナンバーを利用する事はできないと考えられます。

その都度の雇用は、継続雇用ではないので都度の届け出が必要

いくら毎年同じ時期にお願いしているとしても、その都度雇うような場合には、いったん雇用契約は切れていると考えられます。なぜならば、本当に翌年も雇用するかどうかは先方とこちら側の都合によって変わる可能性がありえるからです。

この様に、その対象者のその後の雇用予定が明らかではない場合には、やはり契約ごとにマイナンバーを申請・取得していただく事が望ましいと考えられます。

なお、マイナンバーを取得する際には、その都度「本人確認」が必要になりますので、毎回、雇用の都度に本人確認を行う必要があります。

「面倒だなぁ」と思われるかもしれません。ですが、この様な扱いを行ったほうが漏えいリスクを防げる点でも望ましいのではないでしょうか。そのまま保管していたマイナンバーが漏えいした場合には、罰則の対象になったり損害賠償の対象になったりする可能性があります。やはり、毎回受け取ったほうが良いでしょう。

まとめ！

1　マイナンバーの保管・利用は雇用契約があり、手続きに使う場合のみ。
2　雇用契約が切れたら、保管しているマイナンバーの破棄が必要。
3　継続的な雇用契約がなければ、原則雇用の都度に届け出と本人確認を。

マイナンバー都市伝説の検証2

買った本や医薬品も筒抜けで、国に思想、病歴も管理される！

「マイナンバーで国に個人の行動が把握される！」
「どんな本を買ったかで思想や、どんなクスリを買ったかで病気までわかってしまう」

マイナンバーに反対される方によれば、その様な恐ろしい事が準備されているそうです。

当たり前ですが、マイナンバーはその様な無敵の監視ツールではないのです。

マイナンバーは税や社会保障の手続きなど、法律で定められた分野でしか使えません。個人の購買履歴は当然対象になっていませんし、病歴等も無論入っていません。

将来的に医療控除をマイナンバーを利用して電子化できるようにしようという議論はありますが、それも医療費の金額のみわかれば十分と言われています。

「認められていなくても国がこっそり行うのでは」と言う方もいらっしゃいますが、その様な事を仮に役所がこっそり行っても、その事が判明すると当事者やその役所が非常に重い罪に問われるのです。

この様な事から見て、国がわざわざその様な事を行う事はありえないのです。

とは言え、一点気をつけるべき事があります。

国や普通の企業がその様な事を行わなくても、犯罪組織等がこっそりマイナンバーの情報とそれらの情報を集めて勝手に管理を始めるかもしれません。

その様な事が起きないようにするためにも、自分のマイナンバーは必要なとき以外は使わない様に心掛けましょう。

第4章

コンプライアンスを見直せ！

取扱いミスで会社が存続の危機に？

質問34 採用や応募書類の取扱いは？

採用の応募書類もマイナンバーの
記載があると別の保管方法が必要？

マイナンバーを取り扱う担当者以外が
そのフォルダを見る可能性があるならば、
別のフォルダに管理すべきです。

「マイナンバーの管理は厳しいと聞いたけど、どれくらい厳しいんですか？」
「書類を別々に管理すると手間がかかるので、履歴書と一緒のフォルダならば大丈夫ですよね」

企業の人事担当の方への説明会に出ると必ず聞かれる質問です。

「マイナンバーの管理は大切だけど……、そのために余計な手間はかけたくない」

誰しもそう思うでしょう。とは言え、マイナンバーの管理に関してはやはりある程度の手間がかかる事は覚悟したほうがいいでしょう。

マイナンバーの取扱いに求められる厳重さは、従業員のマイナンバーでも、取引先のマイナンバーでも、採用の応募者のマイナンバーでも同じです。

マイナンバー記載の書類は厳格な管理が必要

マイナンバー記載の書類は、まだ雇用契約がない応募者の書類といえども「特定個人情報」としてしっかりとした管理が必要になります。

特定個人情報を取り扱う際は、安全管理措置として、次のような工夫を参考にされながら、取扱いに気をつけてください。

■鍵付きの棚に保管してその持出しや利用に関する記録を取る。
■特定個人情報を取り扱う担当者に対する教育や監督を必要に応じて行う。
■履歴書と一緒のクリアフォルダやクリアポケットに、その社員の全ての情報やコピーを入れて保管しない。

マイナンバー関連の書類と他の書類をまとめて管理する事は望ましくない

質問のような管理は、履歴書の閲覧や、マイナンバーと関係ない書類の取扱いの際に「特定個人情報も閲覧できる」ことにつながります。

従業員には、

■マイナンバーは不必要に保存しないこと。

■関係ないところで付箋紙等にメモ書きして保管しないこと。

■マイナンバーが記載されている書類やデータに関しては必ず保管に気をつけること。

このような配慮が必要なことを伝えておく必要があります。面接時や事務作業で使用したメモ書きなども、マイナンバーが記載してあったら安易に保存してはいけません。

「採用面接にはマイナンバーの取扱いに不慣れな人事部以外の社員も参加するけれど、いちいち研修とかしたくないな……」

そんな思いもあるかもしれませんが、漏えいした際のリスクなど（Q29も参照）を共有しましょう。

マイナンバーの取扱いに関して人事管理で注意すべき事

人事管理でマイナンバーを取り扱う際、次のような点を心掛けて、管理してください。

■履歴書の様に、場合によっては人事部門の多くのメンバーが閲覧できる情報と、マイナンバーは分けて管理する。

■マイナンバー記載の書類を取り扱う担当者を少数に限定し、漏えいリスクを少なくする努力を行う。

■人事の運用上、履歴書と一緒に管理するのであれば、履歴書を取り扱う可能性がある担当者全員について「特定個人情報」を取り扱う「担当者」として監督・教育し、「企業のデータフォルダ、また、クリアポケット」ごと「特定個人情報の安全管理措置」に即した管理を行う。

まとめ

1 マイナンバーが記載された書類は「特定個人情報」として厳格な管理が必要。
2 同じフォルダに入れて担当者以外が見られるようであれば管理に問題がある。
3 別フォルダに入れる等の対策をとるべき。

質問35 記入不要なのに記載されていた書類は？

必要もないのに応募書類や請求書にマイナンバーが記載されてきました。取扱いは？　返却せず保管してもＯＫ？

マイナンバーの記載が必要ない書類にも記載されている場合、先方が自主的に記載したとしても、廃棄や返還等の対応が必要です。

「採用の応募者が気を利かせて履歴書にもマイナンバーを書いてきたのですが」

「お客さんがマイナンバーの記載欄がない書類にもマイナンバーを書いて送ってきたのですが、金庫に管理していれば大丈夫ですか？」

マイナンバーは取り扱う手続きが決まっていますが、時折この様な質問を受けます。

ここで改めて注意していただきたいのですが、「必要がないマイナンバー情報は保管してはいけない」ということです。

不必要なマイナンバーは、「見ない・聞かない・言わない・扱わない」

質問の様な場合もマイナンバーの目的外の利用に当たるので、たとえ先方が自主的に送付してきたからといっても、必要ないマイナンバー情報は保管してはいけません。

不必要なマイナンバーは、「見ない・聞かない・言わない・扱わない」が四大原則です。必要ないマイナンバーが記載されている事に気づいた時点で、送った相手に連絡して、書類を返却するか、自社で徹底した廃棄を行う必要があります。

仮にそのまま、保管していた不要な情報が漏えい等した場合、「不必要なマイナンバーを持っていて漏えいした」と厳しく指摘される可能性があります。

不必要なマイナンバー部分のみを消去でもOK

なお、管理が必要なのはマイナンバーの部分だけなので、書類の中でマイナンバー記載部分のみを復元不可能な形で処理（最近よくある個人情報のマスキング、及び黒塗りして

保管したマイナンバーは、必要がなくなったときには廃棄が必要

パソコン等に保管されたマイナンバーの削除

- 特定個人情報ファイル（マイナンバー管理ファイル等）から削除する
- マイナンバーが記載されている書類のファイルを削除する
- バックアップにマイナンバー残っている場合は注意が必要

紙媒体で保管された書類の廃棄・マイナンバーの削除

- 書類そのものを廃棄（焼却・溶解・シュレッダー等で復元できないように）
- 廃棄した旨、業務日誌等に記録をとっておく
- 書類自体を継続保管する場合は、マイナンバーが読み取れないようにする

コピーしたものを保管する他、その部分のみ切って廃棄する等）すればそれ以外の部分を保管する事は可能となります。

お客から送られた書類で返送が難しい場合には、この様な対応策でも構いません。

「気づいた時点」で「適切な処理」で許される

必要のないマイナンバーが記載している書類の保管は、「安全管理措置に問題がある」と見なされる可能性があるので、たとえ再送付の手数料や、手間がかかっても正しく対応することが必要です。結果的にコストも安くすみます。

もし、受け取った際には気づかず、後になって判明した場合には、その時点で返却か廃棄をしてください。「気づかないで受け取っていた」のであれば、それを保管していたからといって何か罰則があるわけではなく、気づいた時点で対応すれば特に問題ありません。

まとめ

1 マイナンバーは記載の必要のない書類に記載する事も認められていない。
2 仮に必要ない書類に記載されている場合、廃棄または返還を行う。
3 マイナンバー記載部分のみ、復元できない形で削除・抹消でもＯＫ。

質問 36

書留以外の送付方法がある?

マイナンバーの送付は書留と聞きましたが、もっと低コストにできませんか?

追跡できる様に記録等を心掛ければ、普通郵便等の方法でも問題ありません。必ずしも書留で送る必要はありません。

「マイナンバーの書類のやり取りは書留でないとだめだと聞いたのですが……」「かなりの量があるので、書留に変更するとコストアップに耐えられないかも……」

マイナンバーの管理を厳格にするために、郵送の手段には多くの企業の方が悩んでいます。果たして、どこまでやるべきなのでしょうか。

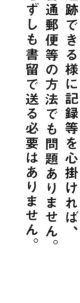

マイナンバー記載書類の送付の際に注すべき事は2点

マイナンバー情報が含まれた書類を送付する際には、常識的な範囲で構いませんが、以下の様な配慮が必要となります。

①外観から中身がのぞけないようにする事
②追跡可能な手段を使う事（送る作業を行う人間をあらかじめ決めておく事、やり取りに関して記録を取る等）

この2点です。これでおわかりの様にルール上は「書留でなければならない」等とは何処にも定められていません。

送付に注意する目的とは何か

ルールの目的は、大切な特定個人情報の漏えいを防ぐこと、仮に漏えいが起きた際に「いつどこで漏えいしたか」を「特定しやすくする」事です。

絶対に漏えいしない様な「完璧さ」は実現が難しいのですが、漏えいを防ぐ努力を常識的な範囲でしっかりと行えばいいのです。

つまり、
■少なくとも常識的な範囲で安心であるといえる手段を講じているか。
■社員や身元が明らかなものが情報を取り扱うこと。
に注意すればいいのです。

普通郵便で送る際の注意点

郵送の場合には、送付や受取りの記録（誰が何時に出した、受け取ったなど）を取りさえすれば普通郵便でも特に問題ないと思われます。

実際に、個人情報保護委員会の説明では、「移送する特定個人情報の特性等に応じて適切な移送手段を選択してください」としており、例えば、必ず書留でなければいけない等の規定はありません。

しかしながら、やはり、漏えいのリスクを取りたくない等、どうしてもより確実な手段をということであれば、自社の判断で書留などの仕組みを利用しても問題ありません。

「特定個人情報を守るためにどのくらい努力したか」が、問われるわけですが、努力しても、絶対に漏えいを防げる保証はありません。

だからこそ、常に努力をし、どの点でどのように漏えいしたか、速やかに対処できる姿勢こそ、これからの企業に求められることです。

最後は、自社がどう判断したかが重要

このように言うと精神論のように聞こえるかもしれませんが、情報漏えい等があった場合には企業は「民事上の責任」を負うことになります。

ここが最も企業に対して厳しい点です。仮に安全管理を怠った場合、企業としての評判にも影響を及ぼし、企業にとっては死活問題となる可能性もあるのです。

まずは安全な対策を準備しましょう。また、自社の管理に不安がある場合には、信頼できる外部への委託を検討しましょう。その場合も、外部委託先にまかせっきりではいけませんので、必ず、自社主導で管理監督を徹底しましょう。

まとめ

1　書類の送付には追跡可能な手段をとる事が必要。
2　どの様な手段をとるかは、各事業者が判断して構わない。
3　送付記録等を心掛ければ、普通郵便でも対応可能。

質問37 情報漏えい事故の罰則

マイナンバー情報の入ったCD-Rを紛失したり、ウイルス感染で流失させたら処罰されますか？

個人情報保護委員会に届け出る様にしましょう。件数が多い場合などには報告は義務です。管理に問題あれば損害賠償の対象にもなります。

「顧客情報ファイルの入ったかばんを電車の網棚に置き忘れた」「会社のパソコンがウイルス感染し、得意先の個人情報が大量に流出した」

最近、この様なニュースが多いですよね。マイナンバーでこの様な事態を引き起こした場合には、かなり深刻な事態となることを覚悟してください。

マイナンバー漏えい時の対応にはルールがある

マイナンバーの漏えい等が起きた場合には、個人情報保護委員会が決めたルールに従って、速やかに対応をする事が必要です。

社員の置き忘れや盗難等の行為で、「紛失した情報を不正使用される恐れがある場合」にはただちに「漏えいの対象者にその旨連絡する」必要があります。

場合によっては、顧客自身に、「自治体に届け出てマイナンバーの変更等の手続き」を取ってもらう必要も出てくるからです。

まずは、会社に速やかに報告を

置き忘れた当事者は、速やかに社内の責任者への報告を行いましょう。

そして、会社としては、

①状況調査、②個人情報保護委員会への報告、③再発防止策の検討と実施を行ってください。

100件以上漏えいした場合などは、個人情報保護委員会への報告が義務

特に漏えいした番号が「100件」以上、「不正目的での漏えい」等の場合などには、「重大な事態」として個人情報保護委員会への報告が義務づけられています。

判明した時点で必ず、個人情報保護委員会に第一報を報告する必要があります。仮に、そのまま隠ぺいなどした場合には厳しく責任を追及されます。早目に報告を行い、「どの様な対応が必要か」アドバイスを受けることが望ましいでしょう。

顧客情報の紛失といった問題はどうしても、後ろめたいことですので隠そうとしてしまいがちです。しかし、隠す事はより大きな被害やより大きな問題を引き起こします。

ですから、下手に隠すより、必要で正しいアドバイスを受けて実行するほうが企業としてのリスク管理として望ましいのです。

管理不十分で漏えいした場合には、民事上の責任がある

なお、故意に他人に渡すといったような行為を除いて、紛失した事をもって刑事罰の対象になることはありません。

漏えい等が起きたら

漏えい等が起きたら、個人情報保護委員会への報告等を行いましょう

●漏えい事案その他の番号法違反の事案又は番号法違反のおそれのある事案が発覚した場合には、次の事項について必要な措置を講ずることが望ましい。
（平成27年特定個人情報保護委員会告示第2号）

1　事業者内部における報告、被害の拡大防止

2　事実関係の調査、原因の究明

3　影響範囲の特定

4　再発防止策の検討・実施

5　影響を受ける可能性のある本人への連絡等

6　事実関係、再発防止策等の公表

また、上記の場合には「個人情報保護委員会等への報告に努める」ともされています。

●重大事態（100件以上の漏えい、不正目的で利用・提供した場合等）の場合には、個人情報保護委員会への報告が必ず必要となります。

ただし、民事上の責任は問われる可能性は十分あります。「安全管理に問題がある」と見なされた場合は、損害賠償の対象となります。

では、ウイルス感染で会社のパソコンから情報が漏えいした場合はどうでしょうか。

この場合も「安全管理に問題がある」可能性があります。

個人情報保護委員会のガイドラインでは、ウイルスチェックソフトの導入やファイアウォールの導入等を行う事でシステムの漏えい対策を行う事を求めており、ルールに従った運用が必要です。そのため、紛失した場合と同様に、会社はウイルス感染の被害者だったとしても損害賠償の対象になる可能性があります。

事前の安全管理の徹底は当然ですが、「社員はただちに報告を行う」、「個人情報保護委員会のアドバイスを仰ぐ」といった「もし漏えいしたら」という場合の対処法も決めておくといいでしょう。

まとめ

1 漏えいが起きたら、当事者や個人情報保護委員会などへの連絡を。

2 件数が多い場合等には、個人情報保護委員会への報告は義務。

3 管理が不十分で漏えいした場合には、民事上の責任も負う。

質問 38

副業とマイナンバーを理由の不利益待遇

マイナンバーで従業員の副業を発見した場合、処罰してもいいのですか？

マイナンバーそのもので副業が発覚するわけではないが、可能性は高まります。副業禁止規定があっても処罰はケースごとに判断されます。

実はマイナンバーの説明会で一番多い質問は「副業」に関してです。それも説明会が終わってから、個別にこっそり相談される場合が多いです。

「私は副業しているのですが会社にバレないですか……」「我が社は副業禁止なのですが、マイナンバーで副業がわかったら処罰しなければならないのでしょうか。仮に副業を発見した場合はマイナンバーの目的外使用になりませんか？」という具合です。

マイナンバーで副業は発見できない

誤解も多いようですが、まずマイナンバーの仕組みだけでは、自動的に「副業」を発見できません。よくいわれる税金の手続きの中で副業が発見されるのは、通常は次の様な住民税の天引きに係る３段階のプロセスです。

１　住民税は、従業員の所得額に応じて自治体が金額の決定を行う。
２　決定した住民税額は「住民税　特別徴収税額の通知書」として、毎年6月に自治体から企業宛てに送られてくる（自身で確定申告時に、住民税の副業分を普通徴収にしてもらう場合を除く）。
３　企業は、その額に基づき、毎月の給与から住民税を天引きする。

仮に、従業員が副業等で収入が多い場合、決定した「特別徴収税額」は「自社の給与額からの想定額」よりも多く、またその「決定のもととなる所得」も記載されています。

これにより、企業は自社が払っている以上に住民税額と収入が多い事を把握する事が出来ます。その場合、企業は従業員が社外で何らかの収入を得ている可能性を考えます。このため、副業が発見されるのです（Ｑ18、Ｑ19、Ｑ20参照）。

しかし、マイナンバーの本来の目的は、副業を発見することではありません。

副業が雑所得の場合、確定申告の手続きで対応も可能

もし副業に関して心配であればいい手があります。例えば副業が「原稿料」や、「アフィリエイト収入」といった「雑所得」の場合、確定申告の際に次の点について気をつけていると、勤務先企業はあなたの副業の収入を知り得ません。

確定申告は全ての収入を合算します。その際に「雑所得分の住民税は給与からの天引きである特別徴収ではなく、自分で支払う」と申告します。この場合、特別徴収額は給与所得分から変わらず、通知書記載の所得も給与所得分のみとなります。これで企業は副業分の収入を把握できません。

もちろん、確定申告をきちんと行っている限り、その様な雑所得に関して税務署が企業に問い合わせる事もありません。また企業が、従業員のマイナンバーを使うなどして、従

業員の「雑所得」を調べる事もできません。

副業が他での給与所得の場合には、勤務先が把握する可能性がある

ただし、この手法が使えないケースもあります。

例えばコンビニでのアルバイトの様に、副業収入を「給与所得」としてもらっている場合です。この場合、「主たる給与所得の支払先」である企業（この場合は本業の勤務先）宛てに、勤務先と副業先分を合わせた所得に基づく住民税の金額が送付されます（特別徴収税額の通知書が送付されます）。この住民税額が給与が同じくらいの他の社員より多いことで副業が判明する可能性があります。

ですから、副業されている方は、まずは副業の収入がどんな種類の所得になるのか、それを知ることがカギとなります。

処罰できるかは就業規則や副業の状況など個々のケースで

なお、副業により従業員を処罰できるか否かは、「会社としてのルール」に、どのように規定されているかが、大きく影響します。

仮に副業禁止規定がある企業であっても、無条件に懲戒はできません。懲戒を行えるか否か、その副業の影響が、どの程度、本業の勤務に影響しているかで判断されます。

例えば、会社での労務提供に著しく影響を及ぼす、また、企業の「企業秩序・倫理に影響を及ぼす場合」など、具体的には次の３点が、これに該当すると考えられています。

①副業のために遅刻や欠勤が多くなったと判断される場合
②副業のために、仕事上で勤怠が明らかに悪化した場合（例・居眠りの多発など）
③競合する他社での勤務により会社の利益が損なわれると判断される場合
④違法な仕事等で会社の品位を落とすおそれがある場合（例・風俗関連など）

いずれにしろ、副業禁止規定があるからといって、自動的に懲戒や解雇できるわけではないのです。

まとめ

1 マイナンバーで副業がバレる訳ではないが、バレる可能性は高まる。
2 雑所得であれば、確定申告時に住民税の普通徴収を選べばバレない。
3 副業発覚時に処罰できるかはケースによる。

質問39

内定者や採用者のマイナンバーは？

マイナンバーの提出拒否を理由に内定取消しは可能ですか。採用後の提出拒否はどうですか？

採用条件にマイナンバーの提出を明記していれば取消しは可能と考えられます。採用後であれば解雇はできないと考えられます。

採用シーズンが近づくと「内定者のマイナンバーの届け出はどうしたらいいのだろう」との質問をよくいただきます。

基本知識として、採用が確実で雇用契約を結ぶことが明らかな時点であればその時点でマイナンバーを集める事ができます。

ところが、内定者から「マイナンバー制度に反対しているから提出しない」「諸事情でまだマイナンバーを持っていない」「パートタイム契約だから不要では」といった反応があったらどうすればいいのでしょうか。

「そんな反抗的な人は雇いたくない」という本音も聞きましたが、マイナンバーを提出しないことを理由に内定を取り消してもいいのでしょうか。

雇用形態に関係なく採用時には届け出が必要

「税」や「社会保険」手続きで必要なマイナンバーを、従業員が企業に提出する事は法律上の義務です。

この条件を満たすために、採用時には、採用された社員はマイナンバーを提出しなければなりません。これは、採用される従業員がどの様な雇用形態でも一緒です。パートやアルバイトであっても採用に際しては、マイナンバーの届け出が必要なのです。

内定や採用条件として明記があれば、内定の取消しも可能と考えられる

では、マイナンバーが提出されないことだけを理由に内定を取り消していいのでしょう

か。

例えば、内定や採用の条件として、「マイナンバーの提出」を規約などに明記し、本人にもその旨伝えて同意を得ているのであれば、採用の条件を満たしておらず（しかも、その条件自体が不当な条件ではなく、むしろ法律上の義務であるので）、内定の取消しも可能と考えられます。

この点は、既に雇っている従業員と扱い（Q31参照）が異なります。

ただし、後述するように、そもそもマイナンバーを保有していないケースも考えられますのでその点への配慮も必要です。

既に雇用契約を結んでいれば解雇等の対応はできない

一方採用後、再三の督促にもかかわらず、マイナンバーを提出して貰えない場合は、法律上の義務である旨説明し、それでも提出されない場合には、その経緯を記録する事が望ましいと思われます。

ただし、既に採用をしているわけですから、マイナンバーを提出しないことを理由に解雇などはできないと思われます（Q31参照）。

諸事情でマイナンバーを持っていない人もいるので対応は要注意

なお、必ずしも全ての人がマイナンバーを保有しているわけではありません。

例えば、ＤＶ（家庭内暴力）の被害者で、住民票住所に居住地がない場合、通知カードが手元に届かずマイナンバーの届け出ができない場合も考えられます。

この様な事情でマイナンバーがないケースも考えられるので、役所でもマイナンバーが記載されていないからといって書類を受理しないわけではありません。

マイナンバーの提供が受けられない場合、一律に問題人物と決めつけず、まずは相手に「何らかの理由があるかどうか」を確認する事が望ましいでしょう。

また、ＤＶなどの事情でマイナンバーを受け取っていない場合には、自治体に相談して居住地で通知カードを「受領」できる旨をアドバイスする事も有益です（Ｑ27も参照）。

まとめ

1 内定や採用の条件にマイナンバーの届け出が必要な旨を明記していれば、拒否した場合には内定取消しは可能と考えられる。

2 既に採用して雇用契約を結んでいるのであれば解雇は難しい。

質問 40 子会社や委託先の管理体制は？

得意先から「マイナンバーの管理が甘いので取引を打ち切る」と言われました。

マイナンバーの管理に問題ある委託先はそもそも選定してはいけない事になっており、それを理由に契約解除は可能と考えられます。

「大企業の社内報の編集を受託している出版社です。印刷を委託している零細の印刷会社や執筆を委託している編集プロダクションのマイナンバーの取扱い方法が法令に反しているので仕事を打ち切ると言われました……」

マイナンバーがスタートした後、様々な業種の会社から同じような相談を受けます。

委託先まで管理が必要なのか？

「マイナンバーの取扱いがいい加減という理由だけで仕事を打ち切るなんて許されるはずがない」「委託先まで管理できない」「零細企業だから大目に見てほしい」「小さな会社では、すぐに言われても無理。管理体制をしっかりするまで待って欲しかった……」

そんな声も聞こえてきます。確かに冒頭の出版社の例を聞くと、理不尽な下請けいじめだと感じる人もいるでしょう。ところが、必ずしもそうとは言いきれないのです。

マイナンバーの管理は問題ある委託先に委託できない決まり

委託を受けている業務の一環でマイナンバーの管理も委託を受ける場合があります。その際、マイナンバーの管理に問題ある委託先はそもそも選定してはいけない事になっており、それを理由に委託契約を行わない事は可能と考えられます。

マイナンバーの取扱いを他社に委託する場合、委託先への監督が不十分な場合、委託先で漏えいが起きた場合には、委託した側も法律違反と見なされる可能性があると、個人情報保護委員会のガイドラインに、明記されております。

再委託の場合も同じルール

つまり、いくら自社がマイナンバーの管理をしっかり行っていても、マイナンバーに係る業務の一部ないしは全部を委託している相手先に問題があれば、自分たちも責任を取らされるのです。

なお、このルールは再委託を行っている場合も同様です。

冒頭の出版社の事例では、「自社」が「依頼先」から「依頼先が行うべきマイナンバーの取扱いに関して委託を受け（例えば執筆者への報酬の支払い業務の代行）、その一部ないしは全部を印刷会社やプロダクションに再委託する」ことがあったとします。その際、必ず「最初の委託元である企業」に「再委託をする旨、同意を得る必要」があります。

そして「再委託の同意を行う委託元」は「再委託先」に関しても、「管理に問題がないか、委託先経由」などで確認を行う必要があります。

委託元は、委託先や再委託先の不十分な管理を放置できない

つまり、「委託先」の「再委託先」である「印刷会社やプロダクション」の「マイナンバー

再委託でも管理責任

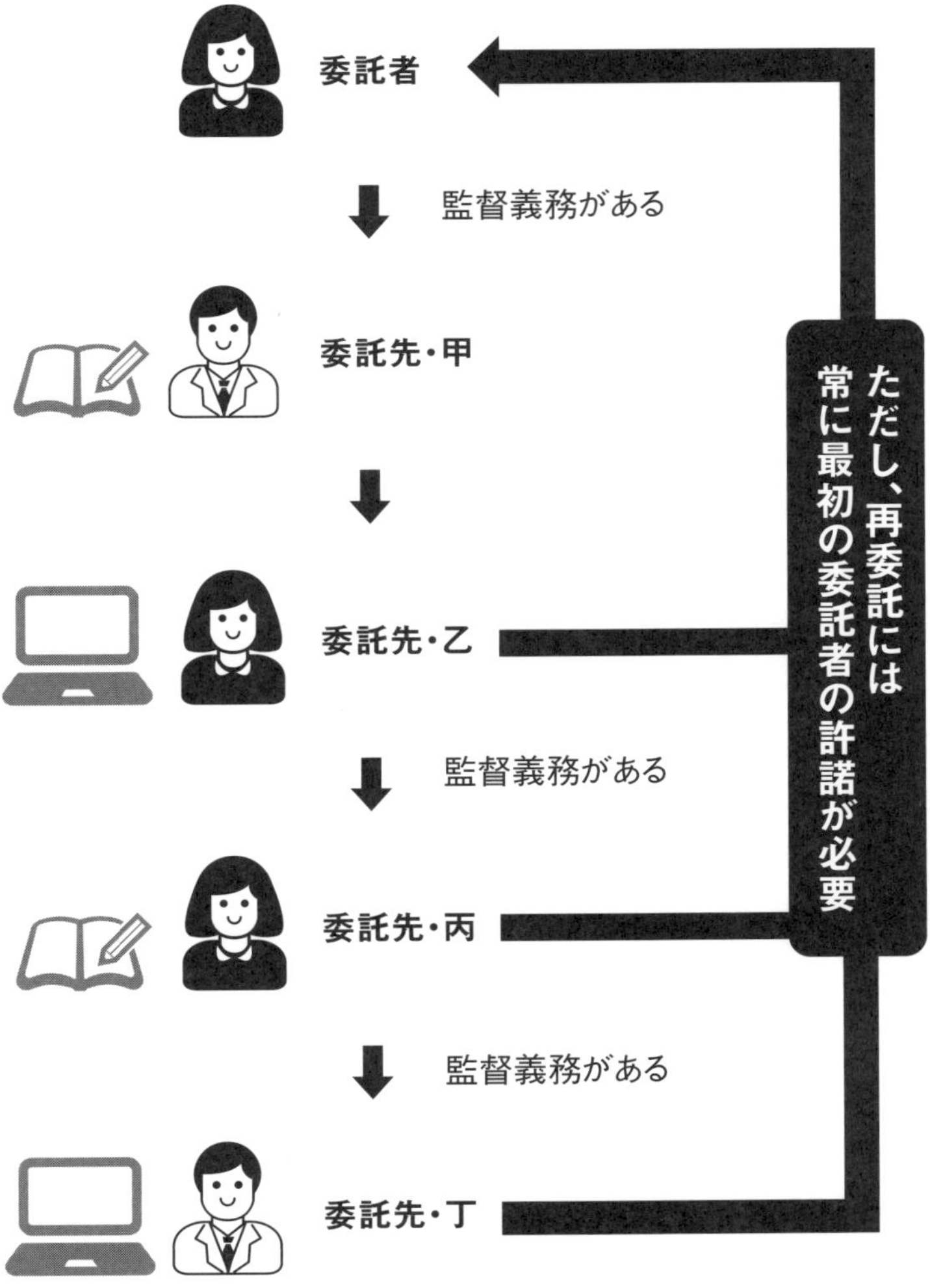
委託者
監督義務がある
委託先・甲
委託先・乙
監督義務がある
委託先・丙
監督義務がある
委託先・丁
ただし、再委託には
常に最初の委託者の許諾が必要

の取扱い」に問題が生じた場合、それを放置したままであれば、「委託元」そのものが法律違反と扱われます。

そのために、あらかじめ、

①マイナンバーの取扱いに問題がない委託先の選定

②しっかりとした管理を行ってもらうための契約を締結する事

③適宜運用状況の把握を行う事

が必要になります。

繰り返しますが、マイナンバーの管理に問題ある委託先は、まず、選定してはいけないことになっていますので、それを理由に「委託契約を行わない事は可能」と考えられます。

自社を守るためにはしっかりとした管理を心掛ける

逆に、その様な事が生じない様にするためにも、しっかりとした管理を行う事を、「再委託先」である「印刷会社やプロダクション」ともども行う事が必要です。

もし、会社の規模が小さくて、自社管理や運営に不安があるならば外部サービスも検討すべきではないでしょうか。仕事を打ち切られる前に、早めに管理体制を整えたほうがよいでしょう。「しっかりしている」と評価が高まり仕事が増えることも期待できます。

あくまでも委託を受けた業務が対象

もちろん、委託業務と関係ない業務で契約解除をすることは下請けいじめなのでできません。例えば、冒頭の出版社の事例では、そもそも依頼先から執筆者への報酬の支払業務を委託されていない場合で、単に下請会社の社内業務のマイナンバー管理体制に不備があることを理由に契約解除するのは下請け法等の法令に違反する可能性があります。

あくまでも、注意すべきなのは委託を受けた業務に関してだけなのです。

とは言え、社内業務委託業務問わずマイナンバー管理全般に関して日頃から注意を払うべきでしょう。

まとめ

1　マイナンバーの管理は、委託業務であっても変わらない。
2　管理不十分な委託先を選択すると、委託元も法令違反に問われる可能性も。
3　委託先の選定を含め、しっかりとした管理体制を行う事が、会社を守る。

質問41

家族分のマイナンバーの確認法は?

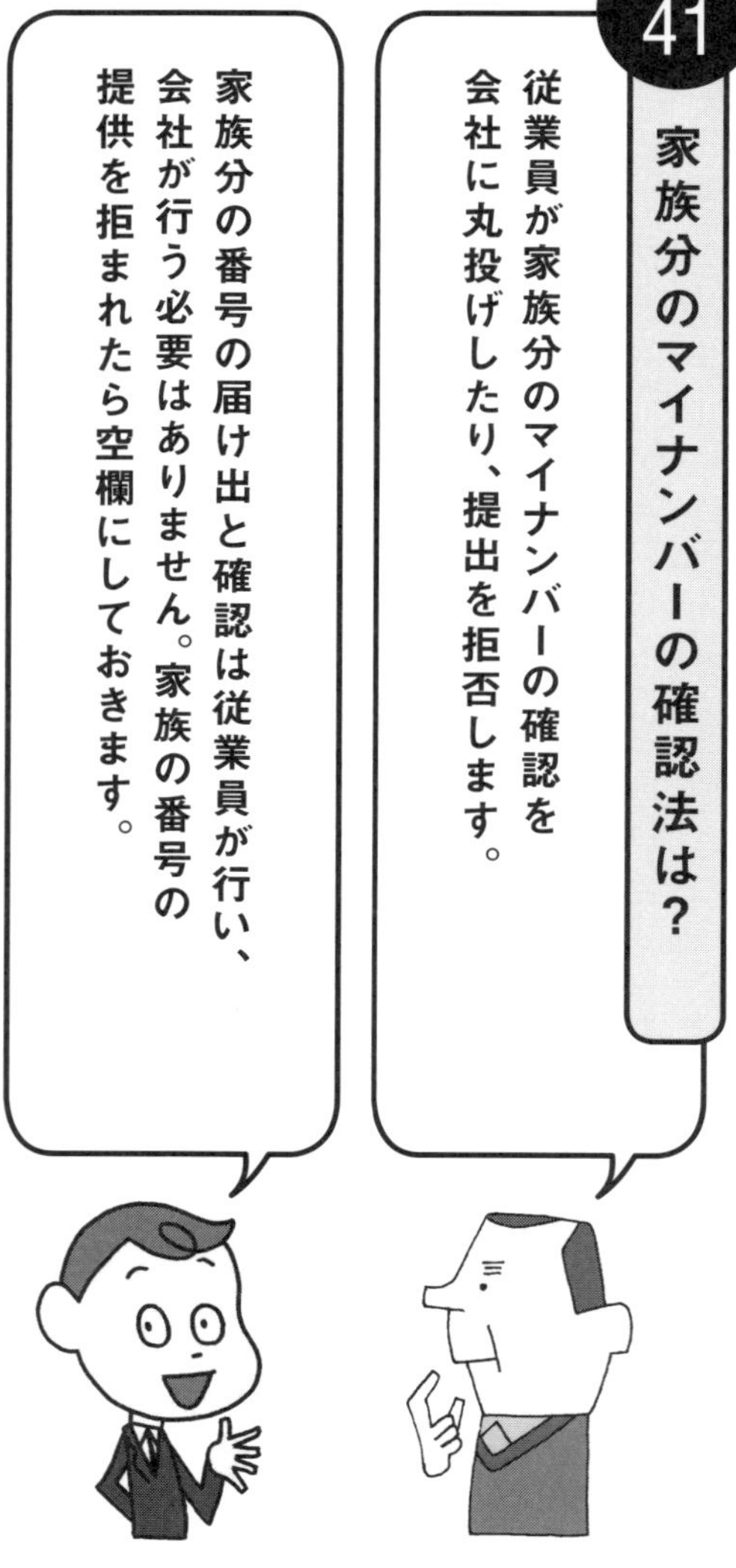
従業員が家族分のマイナンバーの確認を会社に丸投げしたり、提出を拒否します。
家族分の番号の届け出と確認は従業員が行い、会社が行う必要はありません。家族の番号の提供を拒まれたら空欄にしておきます。

「家族分のマイナンバーの届け出と本人確認は会社まで呼ぶのですか?」「従業員から、『家族とは仲が悪いので会社で本人確認してほしい』と言われてしまいました……」

家族のマイナンバーをどうするかは経営者にも悩ましい問題です。もしかして、家族に会社に来てもらって本人確認しようなんて考えていませんか?

家族分の番号の届け出と本人確認は従業員が行うのが基本

マイナンバー制度では、従業員が家族分のマイナンバーの届け出の受付けと、本人確認を行えるようになっています。その際の身元確認は視覚、つまり見て確認すればよいとされています。さすがに、一緒に住んでいる自分の家族かどうかは判断つきますよね。「息子がひきこもりでして」「妻とは顔も合わせない仲で……」といった事情は勘案しません。そして会社は従業員が確認を行った結果を受け取ればいい事になっています。

つまり原則として、扶養親族のマイナンバーは従業員が家族分の書類に記載して通知カードの確認を行えば、その結果を会社に提出するだけでいいのです。

提供してもらえない場合は空欄でOK

一方、家族とはいえ諸般の事情で従業員がマイナンバーの確認ができないことも十分にありえます。その場合は、「その旨を記録」し「空欄のままで対応」します。

税務署から問い合わせがあったら、経緯を記録した紙や媒体の提出とともに、その旨を説明してください。提供の強制はできませんし、提供を拒まれても罰則などはありません。

質問 42

就労ビザなし外国人を雇う

就労資格のない外国人を日雇いで雇っていますが今後も雇えますか？

マイナンバー制度と関係なく不法就労は違法です。マイナンバーの仕組みが普及すれば、従来以上に判明しやすくなります。

「うちの職場は、労働ビザのない不法就労の外国人が多いけど大丈夫でしょうか……」

企業向けの講演会をすると、こっそり聞いてくる方がいます。

そもそも不法就労は法律違反ですが、人手不足でそういう外国人に頼らざるをえない状況も増えているようです。マイナンバーはどういった影響を与えるのでしょうか？

そもそも不法就労は法律違反

そもそも就労資格のない外国人を雇う事自体ができません。ですからマイナンバー制度が始まったからといって、就労資格のない場合の制度は何も変更点はありません。

マイナンバーと不法就労は直接には何の関係もありません。とは言え、今後はマイナンバーを活用する事で従来以上に不法就労が判明しやすくなる可能性があります。仮に雇っているなら、猶予期間があるわけではないので、速やかに雇用の見直しに着手しましょう。

就労資格がない外国人にはマイナンバーはない

外国人だからといってマイナンバーがないわけではありません。マイナンバーは国籍を問わず住民登録をされていれば配られます。

例えば住民登録をしている正規の留学生にはマイナンバーは配られます。正規の留学生をアルバイトで雇うのならマイナンバーに関しては何も問題が発生しません。

一方で就労資格がない外国人は、日本に住民票がないことからマイナンバーを保有していません。

不法就労者に関しては書類にはマイナンバーが書けない

マイナンバーがない以上、給与に係る手続に関して、税金や社会保険などの書類には、マイナンバーの記載を「空欄」で提出を行うことになります（マイナンバーがないからといって賃金の未払いが許されるわけでもありません）。

その場合、税務署や社会保険の担当は、マイナンバー欄が「空欄である人物」は、「何らかの理由でマイナンバーを提供できない人物である」と見なして、「重点的にチェックする可能性」が出てきます。

当然ですが、そのような記載欄が空白のイレギュラーな書類を多く提出する企業に対しても、重点的にチェックが入ると考えられます。

現時点では、マイナンバーと入国管理はヒモづいていない

現在の制度上は、マイナンバーは「税・社会保障」分野以外で利用する事はできません。ですから、マイナンバーで「入国管理」や不法就労の監視や摘発はできません。ですが、少なくとも、税の分野では、「就労資格のない人物」の雇用を発見しやすくなります。

仮に不法就労の従業員が多く、その結果、納税や社会保険関係の書類のマイナンバー欄の多くが空欄だとすると税務署や社会保険の担当などがその理由を問い合わせたり、調査に出向く可能性があります。その際に、不法就労者がいる事が判明した場合、これらの職員には通報義務があるのです。

マイナンバーがない段階で不法就労である事を雇用主は知っているわけですから、知っていながら不法就労させたということで雇用主が罪に問われる可能性があります（不法就労助長罪として3年以下の懲役・300万円以下の罰金が課される可能性がある）。

既に税や社会保険関連の手続ではマイナンバーの利用は義務づけられていますから、すぐにでも対応を行うことが必要です。

もし、「就労資格のない」従業員の雇用をしている場合には、そのことを勘案して、早目にその様な状況を解消する事が望ましいでしょう。

まとめ

1 そもそも不法就労は法律違反。
2 マイナンバーと入国管理は現時点でヒモづいていない。
3 不法就労者はマイナンバーがないので判明しやすくなる。

質問 43

社会保険料逃れの会社は……

社会保険を逃れています。厳格になると赤字となって倒産しそうなのですが。猶予期間はありますか？

従来以上に社会保険料逃れは難しくなります。まずは正直に年金事務所に相談しましょう。

「創業して日が浅いベンチャー企業だし、従業員には国民年金に入ってもらっているから、社会保険に加入していないんです」

「悪いことだとわかっているけど、まともに払ったら赤字になるから社会保険は払っていなかった。マイナンバーでバレちゃうのかな……」

もう社会保険逃れは許されない

こんな感じで社会保険に加入する義務があるのに、加入していない企業が日本にはそうとうあります。マイナンバー制度によって、そうした実態が暴かれるのを恐れている経営者もいるのではないでしょうか。

逆に「マイナンバー制度が始まることで、社会保険に加入できる」と期待している従業員もいるようです（Q52参照）。

社会保険料に関してのチェックは、従来以上に厳しくなっています。

国民の声や社会的な要請もさることながら、特にマイナンバー制度とセットで導入された、法人に付番される法人番号の使用で「法人の社会保険未加入」や「社会保険料逃れ」のチェックが一層強化するといわれています。

日本年金機構と国税庁がコラボを開始

報道によれば、2016年4月以降「日本年金機構」は、「従業員に代わって所得税を納める義務が課されている企業」の「法人番号」を「国税庁」からもらうことを予定しているようです。

それによって「所得税情報と保険料を支払う企業」の法人番号と照らし合わせ、「未納・滞納・未加入」の「企業」（社員規模を問わず）が効率的にわかるようになるのです。

特に、法人番号は登記を行った全ての法人に配られます。マイナンバーでは企業ごとに付番するため、社名や屋号のような重複もありません（混同やミスがなくなる）。

速やかに加入などの手続きを取るべき

いわゆる、「社会保険逃れ」は、かつては「まともに払ったら潰れて、かえって従業員に不利益」などといって大目に見られることもありました。

実態把握も難しかったため、改善も遅々として進みませんでした。

ですが、マイナンバーと法人番号の普及を考えると、「未加入や未払い・滞納」の法人は早目に正しい「手続き」や速やかな「支払い」に向けた準備を行うべきでしょう。

ちなみに年金事務所の調査で企業の未納が判明した場合には、さかのぼって追徴される場合も、また悪質な場合には「罰金」を科せられるがあります。

未納の場合にも「ペナルティ」として延滞金が生じる可能性があります。

まずは年金事務所に相談を

今まで保険料を払わないでいた企業の経営者の中には、経営が成り立たないと心配される人もいるでしょう。

その場合には、まずは年金事務所に相談してみましょう。それぞれの事業者向けの支払い方法のアドバイスや、個人の未納分等の今後の支払いについて、現実的ないいアドバイスが受けられます。

「たくさんの企業が逃れているし、今まで指摘されなかったから、大丈夫」などと甘く見ないほうがいいでしょう。

マイナンバーの利用はスタートしています。法人番号でヒモづけた調査も2016年度から始まります。つまり、今すぐにでも改善に着手するべきです。

まとめ

1 法人番号を利用して保険料逃れの事業所の洗い出しが始まる。
2 従来以上に、保険料逃れが難しくなる。
3 まずは年金事務所等に相談しよう。

第5章

現場の妥協点はここにある！

従業員はここまでOK、会社はどこからNG？

質問44 本名でない（偽名・通名）

偽名・通名を使用して働いていますが、職場に本名を明かさないとどうなりますか？

マイナンバーの届け出には住民票に記載された名前での届け出が規則。どうしても明かせない場合には勤務先に事情を説明し空欄で提出してもらいます。

「ＤＶ（家庭内暴力）の被害を受けて逃げています。住所も名前も隠しているのですが、どうしたらいいでしょうか……」

「従業員から、『どうしても他人に言えない事情があって、本当の住所も名前も出せない』と懇願されて困っています」

従業員と企業側で立場は異なりますが、この様な質問をいただく事もあります。

ＤＶに限らず、こうした斟酌すべき事情がある人に対して、マイナンバーはどのような影響があるのでしょうか。

勤務先にはマイナンバーの届け出が必要

まず、勤務先に従業員がマイナンバーの提供を行う際には、「本人確認」として次のことを行う必要があります。

■本人実存性の確認のための「身元確認」
■番号真正性の確認のための「番号の確認」

前者は写真つき身分証明書を含む身元確認書類、後者は「通知カード」や「マイナンバーカード」を会社に提示する必要があります。

住民票記載の名前での届け出が必要

「通知カード」や「身元確認書類」には、住民票に届け出た氏名が記載されているので、仮に「偽名」「通名」で働いている場合には、提示の際に、判明する可能性があります。

しかし、名前を明かしたくないという理由だけでは、マイナンバーの勤務先への提供を拒否することはできません。マイナンバーの提供は、「法律上の義務」なので、必ず会社からの指示に従う必要があるのです。会社もしっかりと説明して、従業員には提供してもらうよう努力する必要があります。

未提出でも罰則はなし、強制も不可

ただし、現在では提供しないことに対しての罰則規定はありません。逮捕されたり、罰金を科せられたりすることはないのです。

勤務先も、「義務だ」と称して既に雇っている従業員に強制する事もできません。

こう言うと提供を拒否しても、何の不利益もないように思うかもしれません。しかし、今後の見通しでは、税務署は記載のない人を中心に重点的にチェックを強化する可能性があります。そのため、会社から、なぜ提出しないかと強く聞かれるかもしれません。

事情があり明かしたくない場合の方法

どうしても提出できない場合には、その深刻な事情を会社に説明するなどして、税務署には税関係書類等に空欄で提出する形をお願いする事が必要です。

それでも、どうしても勤務先に事情を話すことができないのであれば、少なくとも最寄りの市区町村に相談し、マイナンバーだけでも手元に受け取れるようにしましょう。

住民票のある市区町村に届け出を行う事で、現在の居住地に通知カードを送付して貰う事もできます。

また、このようなご事情の方には、現在の居住地の市区町村でのマイナンバーカードの交付申請も可能です。

この様にして、マイナンバーを受け取れば手続きを行う事ができます。

なお、外国人の場合で住民票に通称（通名）を登録をしている人は、住民票に記載されている氏名に通称名が併記されますので、マイナンバー記載の住民票を身元証明の書類の一つに加えるのも手だと考えられます。

まとめ

1　マイナンバーの届け出では住民票記載の名前での手続きとなる。

2　どうしても明かしたくない場合には、まず事情の説明を行う事。

3　税務関係の書類は空欄で提出してもらうようお願いするしかない。

東日本大震災による被災者、DV・ストーカー行為等・児童虐待等の被害者、一人暮らしで長期間医療機関・施設に入院・入所されている方へ

～居所情報の登録が間に合わなかった、登録を忘れた等の理由がある方は、
住民票のある市区町村にご相談ください～

マイナンバーを記載した「通知カード」は	**住民票の住所地**	**に届きます（簡易書留）**
9月25日（金）までに居所情報を登録すると	**登録した居所地**	（初回お届け 10月20日頃～概ね11月中）

居所情報が登録できていない場合は…
通知カードが、本人に届いていない、DV等加害者のいる住所地に届く　等

通知カードの居所地への送付や個人番号の変更申請等が可能ですので、住民票のある市区町村にご相談ください

○ **東日本大震災による被災者の方**
○ **一人暮らしの長期入院・入所者の方**
・居所情報の登録が間に合わなかった、登録を忘れた
・登録した居所地に移動した
・通知カードの発送後から受取り前の間に、新たに避難したり、入院・入所した 等
○ **DV・ストーカー行為等・児童虐待等の被害者**
・居所情報の登録が間に合わなかった、登録を忘れた
・登録した居所地に移動した
・通知カードの発送後から受取り前の間に、新たに避難したり、入院・入所した 等
又は
通知カードを受取り後に、新たにDV等の被害を受けるなどして
住所地から移動した　等

生活の本拠が居所地にある方は、**住民票のある市区町村**から
居所地のある市区町村への**転出入手続き**を**ご検討ください**

【DV等被害者の方へ】
・既に居所地にお住まいの方は、原則住民票のある市区町村の窓口で行う**転出手続きを郵送で行うことも可能**です。
・転入先の市区町村に「住民基本台帳事務におけるDV等支援措置」を申し出てください。
「DV等支援対象者」となると、DV等加害者が「住民票の写し等の交付」等の請求により、
転入先の新しい住所を知ろうとしても、これらの請求を拒否する措置が講じられます。

出所：総務省

質問 45

家族と連絡がとれない……

妻は家を出て行って連絡がつきません。会社にどう説明すればいいのですか？

まずは、会社に事情を説明しましょう。どうしても提供できない場合には、提供できないままでの対応も可能です。

質問のように、配偶者にせよ子供にせよ、家族間で問題を抱えている人もいるはずです。プライベートの事でもあり、勤務先に知られたくない事情を抱える人にとっては、マイナンバーの本人確認は、大変困った問題だと思います。

マイナンバー制度によって窮地に追いつめられるのでしょうか。

まずは事情を会社に説明・相談しよう

「通知カードを保有する家族に連絡がつかない」等の理由で「家族分のマイナンバーの確認」ができない場合には、その旨を正直に会社に報告する事が望ましいです。

確かに、マイナンバーの提出を行わなくても現時点では何も法律上の罰則はありません。そのまま、提出を断り続ける事も可能ではあります（Q25参照）。

しかし本来、従業員には法律上の提出義務があります。会社としても、提出義務について説明して、それでも提出しない場合には「提出できない対象者の経緯」等を記録する事が望ましいとされております。

提出しない事を理由に解雇などの処分はできませんが（Q31参照）会社としては、できる限り提出するように働きかけてくるでしょう。

こういった事から、提出を断り続けるのもなかなか難しいのではないでしょうか。

やむを得ない事情は受け入れてもらえる

では、どうしたらいいのでしょうか。まずは会社に相談するべきでしょう。

確かに法律上の提出義務はあるけれども、やむを得ない事情がある場合にはその限りではないことから、何らかの対応を考えてもらえるはずです。

住民票がそのままだと出て行っても家族の通知カードは届く

なお、ご家族がマイナンバー制度がスタートする前に家を出てしまっていても、住民票もそのままの場合、市区町村からご家族分の通知カードが届きます。

この通知カードに記載されているマイナンバーを会社に届け出ることも可能です。本来は望ましくないのでしょうが、夫婦である以上は扶養義務がある事からもその様にして届け出ることも考えられると思われます。

まとめ

1. やむを得ない事情を説明する。
2. 提出しないことで罰則や解雇などの不利益はない。
3. 不在家族の通知カードが届いていたら、そのマイナンバーを届けるのも可能。

質問 46 信用できない企業体質や担当者

会社も担当者も信用できません。
どこまで従うべき？

会社が信用できないとしても提供は義務です。
どうしても信用できなければ
個人情報保護委員会の窓口に相談を。

「総務担当のAさんは過去に何度も情報漏えい事故を起こしていて、とても信用できない。自分で役所へ行って手続きするから、マイナンバーは会社に出したくない」
「就職活動中はわからなかったけど、就職した会社が法令違反も平気なモラルが低い会社で、社員の情報も何か勝手に使いそうです。マイナンバーを預けて大丈夫でしょうか……」

マイナンバーに対する、こんな不安な声も聞きました。

確かに、世の中には管理やコンプライアンスがしっかりしていない会社がありますよね。そんな会社にマイナンバーの様な大切な情報を預けて大丈夫でしょうか。「信用できない」という理由で提出しないですませられるのでしょうか。情報漏えいしても泣き寝入りなのでしょうか。

マイナンバーの届け出は法律上の義務

法律上の義務として、会社にはマイナンバーを届け出る義務があります。そのため、いくら勤務先の取扱いが、不安だからといって提供しないわけにはいきません。

残念ながら、「担当者が信用できないから」という理由で断る事はできないのです。ただし、仮に断ったとしても、何か法律上の罰則等があるわけではありません。会社もその事をもって解雇などはできません（Ｑ25、Ｑ31参照）。

故意の情報漏えいには刑事罰も

そもそも、企業や担当者はマイナンバーに関する安全管理をしっかりと行う事が法律上求められています。

安全管理が不十分で、例えば担当者が故意に漏えい等した場合には、重い刑事罰に問われるとともに、会社自体も罰則の対象になります。

また、安全管理の状態が不十分と判断されれば、個人情報保護委員会から行政指導が行われることもあります。

これらは会社にとって信用を失う非常に重いペナルティです。

マイナンバーの安全管理が不十分だと、それを理由に取引先から取引を打ち切られる可能性もあります（Q26参照）。

被害者は社員でも会社に損害賠償請求できる

仮に、安全管理が不十分で実際にマイナンバーの漏えいが起きた場合ですが、被害者となった従業員は泣き寝入りする必要はありません。

被害者は漏えいした企業や扱っている担当者に対して民事上の責任を問い、損害賠償請求をすることも可能です。

以上の事から、本来、会社はしっかりとした対応を行わないと自分たちに大きな悪影響が発生するという認識と自社に及ぼす危険性の危機感は持つべきなのです。

不安が払拭されないなら電話相談を

従業員も、もし不安があるのであれば、その旨を話してきちんとした対応をお願いしてみましょう。

そうはいっても会社に対して言いづらい、言っても聞き入れてくれないようなら、個人情報保護委員会の窓口に相談をしてみるといいでしょう。

「個人情報保護委員会」は、「マイナンバー（個人番号）の取扱い」に関する「苦情の申出」についての必要なあっせんを行うため、電話による「苦情あっせん相談窓口（03－6457－9585）」を設置しています。

この相談を利用するのも手かもしれません。

まとめ

1　会社が信用できないからといって義務を免れない。
2　従業員は会社に対しても被害を受けたら損害賠償請求できる。
3　不安であれば個人情報保護委員会の窓口に相談を。

質問 47 副業が発覚した際の処罰

借金や副業が発覚したことを理由に不利な扱いは禁止されていますか？

マイナンバーで借金が判明する事はありません。副業が発覚しても、処罰できるかどうかはケースにより異なります。

「消費者金融に多額の借金があるんですけど、マイナンバーで会社にバレませんか……」

「給料だけでは大変で、会社に内緒でコンビニでアルバイトしています」

この様な身につまされる質問をいただく事があります。事情が事情だけに皆さん非常にお困りです。マイナンバーはこの様な方をより一層困らせたりするのでしょうか。

マイナンバーと借金は無関係

そもそも、マイナンバーは「社会保障・税」分野のみで利用する事になっています。社会保障や税とまったく関係ない分野では使う事はありません。

税の手続きとして一般的に対象となるのは給与や報酬などの収入が中心です。借金は収入と関係ありませんから、借金とマイナンバーがヒモづくことはありません。

例えば、クレジットカードでのローンは税の手続きが発生しませんのでマイナンバーとヒモづく事はありません。また、消費者金融などでの借金も同様です（Ｑ15参照）。

消費者金融業者がマイナンバーを控えたら違法行為

なお、消費者金融を利用する際には「身元証明」としてマイナンバーカードを使用できます。しかし、マイナンバーは一切必要ないので、消費者金融業者もマイナンバーを控える事はありえません。もし控えた場合は目的外の取得として法律違反となります。

将来的な可能性ですが、借金関係でマイナンバーがヒモづくとしたら、税金を払い戻す「住宅ローン控除」を利用する際にマイナンバーがヒモづく可能性もあるかもしれません。

しかし、住宅ローンを理由に処遇面で不利な扱いを行う事は考えにくいことですし、悪評が立つこともないでしょう。しいて言えば、社内規則では自宅を所有している社員は家賃補助をもらえないのに、ウソを申告してもらっていたような場合でしょうか。

以上の事から、理由や対象を問わず借金の発覚がマイナンバーを理由に生じる可能性はそうとう低いでしょう。ご安心ください。

副業はマイナンバーが直接関わらなくても判明する場合も

一方、副業は既にQ16やQ18などでも述べている様に、マイナンバーによる露見の可能性はあります。

今までも、例えば、他のアルバイトなどで給与所得を得ている場合には、住民税の特別徴収額通知等のタイミングで会社が副業していることを発見する事はありました。これが、マイナンバーでより正確な所得の捕捉が行える事から可能性は高まったといえます。

副業で処罰できるかはケースによる

ただ、大事な点は、Q38でも解説しましたが、副業により従業員を処罰できるか否かは、会社としてのルールとしてどの様に規定されているかによる事です。

また、副業禁止規定があるとしても、その副業の影響がどの程度本来勤務している企業の勤務に影響するかによるとされています。例えば、次の様なかたちで会社での労務提供に支障をきたしたり、企業秩序に影響を及ぼしたりする場合以外では、必ずしも自動的に解雇等の懲戒処分ができません。

①副業のために遅刻や欠勤が多くなったと判断される場合
②競合する他社での勤務により会社の利益が損なわれると判断される場合
③違法な仕事等で会社の品位を落とすおそれがある場合（風俗関連など）

つまり、副業発覚＝解雇や減給、といった杓子定規の処分はできないのです。

とはいえ、副業禁止の規定がある会社では、会社の規定違反を犯しているわけですから、その点に関しては配慮する必要があります。

まとめ

1 マイナンバーで借金が勤務先などに判明する事はない。
2 マイナンバーとは直接関係なくても副業が会社に把握されるケースがある。
3 副業で処罰できるか、処罰されるかはケースによる。

質問48 個人商店の1人社員や弟子・見習い

社員1人の零細職人です。弟子入りのかたちで働いているから申告は不要ですか？

1人でも従業員を雇っていればマイナンバーの手続きが必要です。経営者はしっかり手続きを、従業員はマイナンバーを届け出ましょう。

先日、ある職人の方々の会合でマイナンバーの講演をする事がありました。職人によっては法人になっている方もいる様でしたが、大半の方は個人事業主です。

「うちは2人ほど雇っているけど、マイナンバーって何か関係あるの？」

「一応、従業員だけど、まだ半人前の弟子なんだが……」

「家族経営の売上高の少ない個人事業だから対応できない。社会保険だって未加入なんだ」といった質問をいただいたり、悩みを打ち明けられたりしました。

昔ながらの弟子を受け入れた形態や、１〜２人しか雇っていない個人商店や零細企業では「うちは関係ない」と思いがちですが、そうはいきません。しっかりとマイナンバーの手続きを行うようにしましょう。

事業主は従業員の源泉徴収を行う義務

弟子入りしている場合でも、給与を得ているのであれば、必ずマイナンバーの申告が必要です。

事業者は、たとえ個人経営であっても、売上高が少なくても、１人でも従業員がいて給与を支払っているのであれば、その従業員の源泉徴収手続きを行う必要があります。

従業員でなくても一定額以上の報酬を渡しているのであれば、同じように税手続きが発生します。いずれの手続きでも、マイナンバーを届け出る事が必要なのです。

また、税と同じように社会保険手続きも必要となります。こちらも人を雇用している限りは必ず雇用保険や労災保険等の社会保険加入が必要なのです（健康保険や厚生年金は一定以上の従業員がいる場合が対象)。

社会保険でも同様にマイナンバーの届け出が必要です。つまり、企業の規模にかかわらずまた個人事業主であっても、人を雇っている限りマイナンバーの届け出は必要なのです。

いくら零細職人であっても、従業員を雇っているのであれば、「事業主」としてしっかりと従業員に係る支払関連手続きを行う事は法律上の義務です(従業員がいるのに、社会保険に未加入なケースはQ52も参照)。

従業員は雇用主にマイナンバーの届け出を

これは、雇用主にも、従業員にも、きちんと対応してもらうべきことです。

面倒くさがったりして手続きをしなかったり、いい加減な管理をすると後で自分たちに影響が跳ね返ってきます。

特に雇用主側は従業員から預かったマイナンバーを安全に管理する義務があります。

いい加減な管理をすると法令違反になる可能性があります。いい加減な管理で情報漏えいしてしまった場合には損害賠償請求をなされる可能性もあります(Q29参照)。

「とても自分では管理対応できない」と感じられた場合には、外部業者への委託を検討されてもよいでしょう。

繰り返しになりますが、個人事業主であっても従業員を１人でも雇っているのであれば、税金に係る源泉徴収を行ったり、労災保険や雇用保険といった社会保険にも加入が必要です。仮に労災未加入期間中に労災事故が起きた場合には保険給付額の１００％または40％を事業者は徴収されます。

「そうは言ってもどう手続をしたら良いのか」とお困りであれば、最寄りの労働基準監督署やハローワークに相談しましょう。

また、皆さんが個人事業主に雇われている従業員だとしたら、この様な手続きをきちんとやってもらえるようにお願いしましょう。特に、社会保険に未加入の場合労災が起きた場合に自分を守ることはできません。経営者が手続きをしてくれないのであれば、最寄りの労働基準監督署やハローワークに相談しましょう。

まとめ

従業員が１人でもいれば、個人事業主でも源泉徴収や雇用保険・労災保険の義務がある。そのため、マイナンバー関連の事務も発生する。弟子・見習い扱いでも義務は同じ。

質問 49

派遣か契約どっちがトク？

契約社員と派遣で扱いは違いますか？どちらも選べる場合の損得の判断基準は？

マイナンバーの手続きは雇用形態にかかわりません。

「マイナンバー制度が始まると、派遣社員と契約社員でどっちが有利ですか？」
「今まで契約社員を雇っていたのですが、派遣社員に切り替えたほうが事務負担は少なくなりませんか？」

契約社員や派遣社員で働く方は大勢います。働いている方の約１／３はこの様な形態であるといわれています。さて、マイナンバーではどちらが有利でしょうか。

契約社員か派遣社員かでマイナンバーの届け出先は異なる

会社で行う税金や社会保険関連の手続きではマイナンバーの届け出が必要ですが、届け出は給与の支払いを行う企業が行う事になっています。

このため、契約社員の場合には、その勤務先の会社への届け出になります。

一方、派遣社員の場合には、派遣先ではなく派遣元の企業に届け出る事になります。つまり、契約社員か派遣社員かでマイナンバーを届け出る会社が違ってくるのです。派遣社員なのに派遣先の企業がマイナンバーの届け出を求める事はありません（次ページの図も参照）。

契約社員と派遣社員でマイナンバーの手続き自体が異なるわけではない

派遣社員、契約社員どちらの場合でも、税や社会保険等の手続きにおける扱いはまったく一緒です。個人情報の安全管理、社会保険や税金の手続きをきちんと行ってくれる企業であれば、自分の適性やライフスタイルに合わせて働き方を選択すればいいのです。

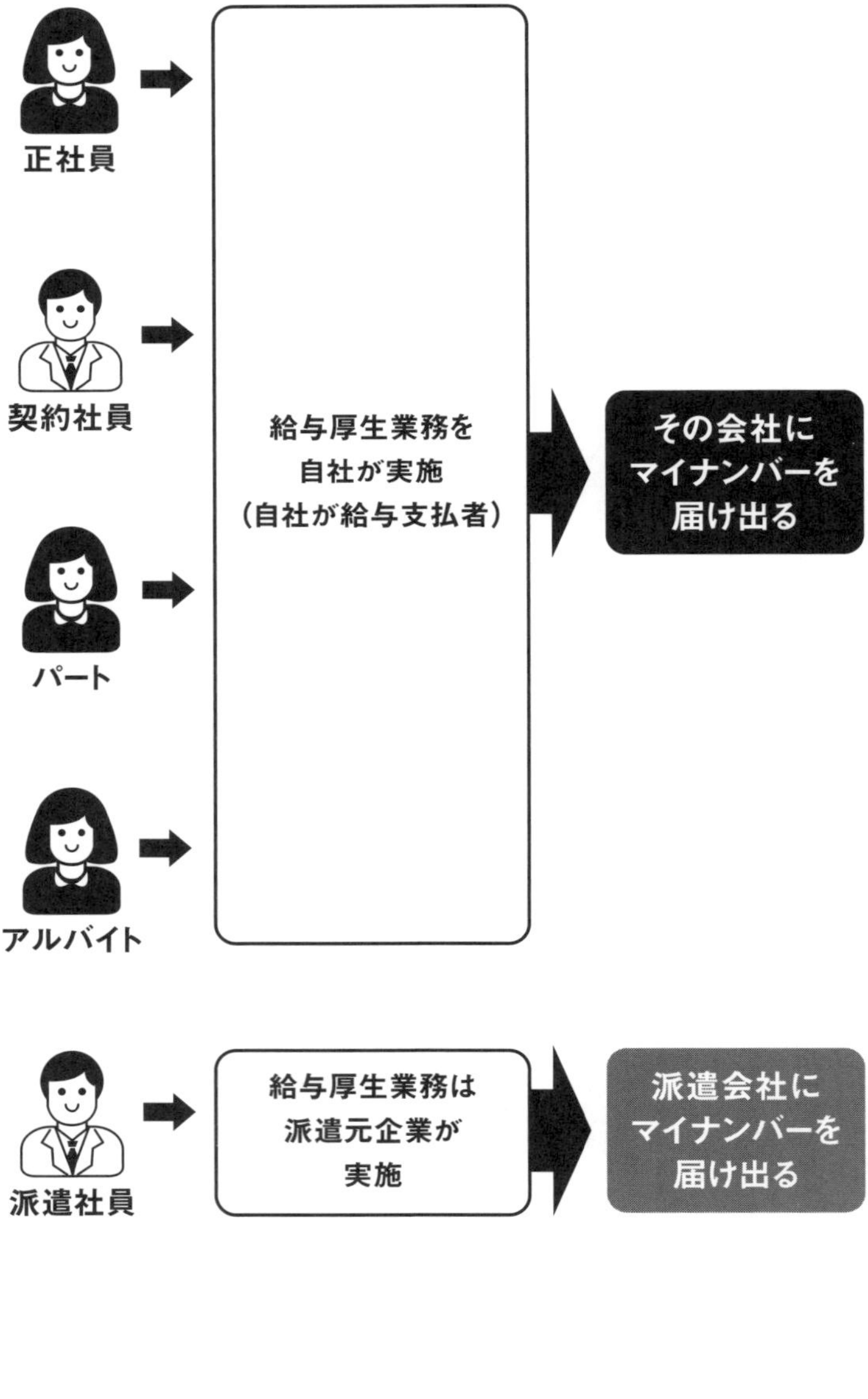
正社員
契約社員
パート
アルバイト
給与厚生業務を
自社が実施
（自社が給与支払者）
その会社に
マイナンバーを
届け出る
派遣社員
給与厚生業務は
派遣元企業が
実施
派遣会社に
マイナンバーを
届け出る

マイナンバーでの損得勘定は無意味

つまり、働く側から見た場合、マイナンバーの扱いによって派遣社員、契約社員のどちらがトクとか損とかという事はありません。もしマイナンバーに限って損得勘定をするなら、働く会社の「マイナンバーの安全管理は大丈夫か」を重視するべきでしょう。

マイナンバーの安全管理が不十分で、ある日「マイナンバーが漏えいした」とか「それによって職場が処分の対象になった」といったことがない様にしたいものです。

企業にとっては、従業員へのマインバー事務負担だけを見れば、契約社員より派遣社員を雇うほうが、その派遣社員の分の負担は少なくてすみます。しかし、人事戦略はマイナンバーの事務負担だけで決まるものではないのは言うまでもありません。なお、派遣社員のマイナンバーの取扱いに関しては次のQ50も参考にしてください。

まとめ

1　従業員から見たらマイナンバーの手続きは雇用形態と無関係。
2　契約社員と派遣社員も手続きは変わらない。手続き先が違うだけ。
3　仕事も雇用もマイナンバーだけで選ぶものではない。

質問 50 かけもち派遣社員ですが……

3社へ派遣されています。
3社とも登録が必要ですか？
派遣先の会社にはマイナンバーの届け出が不要ですが、
派遣元の会社にはマイナンバーの届け出が必要。

派遣社員の中には複数の派遣先に派遣されていたり、複数の派遣元（人材派遣会社）に登録して数社へ派遣されていたりする場合もある様です。企業にも同時にいくつかの会社で働く派遣さんが派遣されているケースもあります。

こうした複雑な場合に、マイナンバーの取扱いはどうしたらいいのでしょうか。

マイナンバーの管理を行うのは給与支払者である派遣元

マイナンバーの管理を行うのは、あくまでも、アナタに「給与」を支払う「給与支払者」です。このため、仮に、同一派遣会社から、複数会社に派遣されていたとしても、マイナンバーを提供する必要があるのは、雇用主である「人材派遣会社」のみです。

もし、例えば１つの人材派遣会社にのみ登録していて、そこから3社に派遣されている場合には、その１つの派遣会社のみにマイナンバーを届け出てください。

派遣先の会社にマイナンバーを届けてはいけない

一方、派遣先の会社へは、そもそもマイナンバーを届け出る必要はありません。

また、派遣社員を受け入れた会社は、派遣された従業員のマイナンバーの保管を行ってはなりません。それは「マイナンバーの目的外の取得」に当たり、法律違反です。

もし、派遣先の会社からマイナンバーの提供を求められた場合には、その旨を説明して断るようにしましょう。渡す必要はありません。直接派遣先の企業に言いにくい場合には、派遣元の人材派遣会社の担当者を通じ、断るようにしてください。

複数の派遣元に登録なら、それぞれにマイナンバーの届け出を

また、通訳や校正者などに多いパターンですが、複数の派遣元に登録し、週に数日ずつ、それぞれの派遣元を通じて複数の派遣先で勤務している場合もあるでしょう。

その場合は、それぞれの給与をもらっている派遣元で給与をもらうことになるので、複数の派遣元それぞれに、マイナンバーを提出する必要があります。

派遣社員のマイナンバーには触れないように

繰り返しますが、派遣社員を受け入れる会社は、その派遣社員が他社にも派遣されていようがいまいが、マイナンバーの手続きは一切不要です。逆に派遣社員のマイナンバーを要求したり、保管したりしてはいけません。

まとめ

1 マイナンバーの届け出は給与の支払元の企業にする。
2 派遣先にはマイナンバーの届け出は不要。
3 派遣会社に複数登録していれば、それぞれに届け出が必要。

質問51 マイナンバー研修での時給や残業代

パートです。「マイナンバーに関する研修」で数時間拘束されました。時給を要求できますか？

研修が実質、強制参加であれば時給や残業代を要求できます。会社も払う義務があります。

「マイナンバーの研修を受けるように会社から命令されました。ところが『君たちのための研修だから時給は出ない』と言われました。時給制で働いているのに納得できません」

先日、パートで働くある方からこの様な質問をいただきました。マイナンバーの研修って時給が貰えないのでしょうか。

経営者の方からも、「制度や手続きを理解してもらうため、閉店後に希望者だけに研修会を行う予定だけど、残業代を払う必要はあるのですか」と質問をいただきました。

研修が強制なら労働時間に当たる

マイナンバー制度を理解して貰うために研修を行っている会社は多いようです。

さて、この研修時間はどう取り扱うべきなのでしょうか。

労働基準法などの労働時間に関するルールによると、マイナンバーに限らず研修が「任意参加」なのか「強制参加」なのかによって労働時間になるかどうかが決まります。

研修が強制参加であれば、労働時間です。研修が本人のためであっても同じです。通常業務と何ら変わらないという位置づけです。つまり、その間の時給や残業代を払わなければ、明確な労働基準法違反になります。

「任意」でも実質強制なら通常業務

では、研修を任意参加にしておけば、時給や残業代を払う必要はないのでしょうか。

実は、研修が強制参加ではなく、「任意参加」となっていても、強制の有無やその度合いによっては労働時間と見なされます。

強制参加と通知されていなくても、実際には強制に近くて参加を断れない場合があります。例えば、「参加しないと不利益がある」とあらかじめ言われたり、参加しないと低い評価になる恐れがあったりすれば、これは「強制参加」と見なされるのです。

こうした「任意参加」は、労働時間として時給や残業代を請求できるといわれています。

「参加しておいたほうがトク」程度なら無給

ただし、任意参加で「参加しておいたほうがトク」というレベルの話であれば、労働時間としてカウントされなくても法的な問題はないとされています。

以上の様に、マイナンバーに関する研修を実施しても、一概には労働時間か否か決められないのです。

まとめ

1 研修が労働時間になるか否かは強制かどうかによる。
2 研修が任意参加ならば、労働時間とはならない。
3 任意としつつも、断りづらい状況なら実質強制と見なされる。

質問 52

社会保険逃れの企業に勤務

社会保険を逃れている会社に勤務しています。マイナンバー導入で加入可能になりますか?

マイナンバーの仕組みを使う事で加入逃れしている企業の把握が進みます。今後ご質問の様な状況は改善されると考えられます。

「勤務先の社長は『コストがかさむから、国民年金でいいだろう』と言って、もう何年も厚生年金に加入してくれません。マイナンバーで何とかならないでしょうか」

先日この様なご相談をいただきました。まさにこの様な課題を解決するために準備されているのが、マイナンバーなのです。

マイナンバーの仕組みで未加入事業所等の把握が容易に

マイナンバー制度がスタートする事で、社会保険に加入してくれない会社でも今後は社会保険に加入するようになるでしょう。それにより、本来加入すべき厚生年金等の社会保険に加入できていない方々も加入できるようになると期待されています。

古くから社会保険加入逃れを行っている事業者が多く、それによって多くの方々が本来入れるはずの社会保険に加入できない問題がありました。

これからは、マイナンバー制度の導入により、従来以上に社会保険の未加入や納付逃れなどに関してのチェックが厳しくなっていきます。

なお、企業側がどのような対応を迫られるかはＱ43も参照にお読みください。

法人番号を使って加入逃れの事業者の把握が始まる

Ｑ43でも説明いたしましたが、例えば、マイナンバー制度スタートに伴い合わせて全ての法人に付番される「法人番号」を活用する事で、法人の「社会保険未加入」や「社会保険料納付逃れ」のチェックを、一層強化していくといわれています。

報道によれば、２０１６年４月以降、日本年金機構は、国税庁から従業員に代わって所得税を納める義務が課されている企業の法人番号の提供を受け、所得税を納めている企業と保険料を支払っている企業の法人番号と照らし合わせ、「未納・滞納・未加入」の企業を社員の規模によらず把握する予定だといわれています。

法人番号は法人登記を行った全ての法人に配られます。名称、屋号等と異なり、マイナンバーは、それぞれの企業に対して付番するため、重複もありません（社名や名称の混同や読み間違いによるミスがない）。このため、「未加入の法人」を把握しやすくなるといわれているのです。

この事を考えると、社会保険に未加入や未払い・滞納の法人は、今後は加入や納付の手続きをせざるを得ないでしょう。

従来のようなお目こぼしを期待してはいけない

事業所によっては「保険料などを払ったら経営が大変になる。倒産企業が続出すると困るのは従業員たちだから今まで国も見て見ぬふりだった。これからも未加入のままで大丈夫だよ」と開き直る経営者もいるかもしれません。しかし、社会保険料の納付は法律上の義務です。

法律は守るべきですし、その法律をしっかりと守らせるように国も方針を変更したと捉えたほうがいいでしょう。Ｑ43で指摘したように、社会保険逃れをしている会社への国の対応は厳しくなると見られています。

年金事務所に相談する方法も

そもそも社会保険逃れはマイナンバーに関係なく是正されるべきことです。

マイナンバーによってチェックされ、是正されるのを待つまでもありません。

勤務先が本来加入すべき会社なのに未加入であるといった状況を年金事務所に相談すれば、加入の適切な指導等を行ってもらう事も可能です。

まとめ

1　マイナンバーの仕組みで加入逃れなどの会社の把握が進む。

2　加入逃れなどしている会社は早目に手続きを行うべき。

3　年金事務所等に相談すれば指導等を行ってもらえる。

おわりに

この本をここまで読みすすまれた方は（このおわりから読まれている方は別ですが）こう感じたのではないでしょうか。

「これはえらいことになった」「これでは今まで通りのやり方ではすまないな」

そうです。マイナンバーは深く静かにではありますが、日本中を大きく変える大変革の糸口になるのです。

そして、これからマイナンバーは次々と広がっていきます。おそらくあと5年くらいの内にはお金や暮らしに係る全ての事にマイナンバーがヒモづくと思った方がいいでしょう。

ただし、マイナンバーが全てにヒモづいても、税金や社会保障そのものは今までと何も変わりません。「マイナンバーを使って預金封鎖」は単なるデマでしかないのです。

その代わり、今まで見えなかった事、隠していたことが全部ガラス張りになると思ってください。もう隠し立てはできないのです。

「正直者は何も困らない」「やましい事がある方はバレてしまう」、そんな社会があと数年でやって来ます。待ったなしなのです。

それではどうしたらいいでしょうか。簡単です。一旦きれいに全ての事を整理すればいいのです。そのための時間の猶予はまだあります。

ルールにのっとっている事は何も問題ありません。

例えば、節税対策もルールをきちんと守れば何の問題もありません。むしろ、今まで以上にやりやすくなるでしょう。

その代わりに、ルールに従っていない事が残っているようであれば、今のうちにしっかりと対策を取りましょう。

マイナンバーを賢く使う。そんな時代がやってくるのです。

［著者］
梅屋真一郎（うめや・しんいちろう）
野村総合研究所　未来創発センター　制度戦略研究室長。東京大学工学部卒業。同大学院工学系研究室科履修。野村総合研究所では長年、金融機関を顧客として金融制度変更による影響を調査・分析。2013年より現職。マイナンバー制度に関しては、関係省庁や関連団体等との共同検討を多数実施。標準業務手順案や留意点等の制度詳細について情報発信。主な著書に『これだけは知っておきたいマイナンバーQ＆A』（日本経済新聞社）、『人事・総務のためのマイナンバー制度』（労務行政）、『マイナンバー制度で企業実務はこう変わる』（中央経済社）、『これだけは知っておきたいマイナンバーQ＆A』（銀行研修社）、『10のステップで理解する！企業のためのマイナンバー実務』（ぎょうせい）ほか多数。

マイナンバー制度の設計にたずさわったコンサルタントが書いた
知っておくと絶対損しない！マイナンバー

2016年7月28日　第1刷発行

著　者――梅屋真一郎
発行所――ダイヤモンド社
〒150-8409　東京都渋谷区神宮前6-12-17
http://www.diamond.co.jp/
電話／03･5778･7232（編集）　03･5778･7240（販売）
装丁―――河南裕介（FANTAGRAGH）
本文デザイン――タイプフェイス
イラスト――宗誠二郎
製作進行――ダイヤモンド・グラフィック社
印刷―――八光印刷（本文）・共栄メディア（カバー）
製本―――宮本製本所
編集担当――鈴木豪

ISBN 978-4-478-06926-4